Exotische Küche

Persische Küche

Kochrezepte aus dem Iran

Mohamad Nader Asfahani

Der Autor und der Verlag bedanken sich bei allen, die sie mit Rezepten versorgt haben, damit dieses Buch auf dem deutschsprachigen Markt erscheinen konnte.

1. Auflage 1991, ...13. Auflage 2021

Bearbeitung: Christina Khenkhar
Titelbild: Gundula Wagner
Übersetzung, Gestaltung, Herstellung und Satz:

Asfahani Verlag
Hausbrucher Straße 54 / D-21147 Hamburg
Telefon (AB) 040 7967951 Fax 040 7967955
Email: info@asfahani.de
www.asfahani.de

ISBN 978-3-927459-93-9

Sachregister

Vor– und Nachspeisen und Salate

Suppen

Reisgerichte

Eierspeisen

Gemüsegerichte

Soßen

Geflügelgerichte

Fischgerichte

Fleischgerichte

Teigspeisen

Süßspeisen, Gebäck und Getränke

Einlegen in Essig

Getrocknete Limetten oder Limu Omani
ليمو عماني

Als wir 1991 unser Kochbuch Persische Küche veröffentlich haben, war es schwierig getrocknete Limetten (Limu Omani) in Deutschland zu bekommen, deshalb verzichteten wir auf deren Verwendung beim Kochen.
Mit der Zeit und dank des Internets, kann man jetzt die getrockneten Limetten in einige Lebensmittelläden bekommen oder über das Internet bestellen.
Getrocknete Limetten gibt es auch in Pulverform.
Sie werden beim Kochen von Fleischgerichten und Suppen verwendet.
Wer Urlaub in Nordafrika oder Asien macht, sollte getrocknete Limetten mitbringen, man bekommt sie in fast jedem Lebensmittelladen.

<u>Limetten trocknen:</u>
Leicht gesalzenes Wasser zum Kochen bringen, Limetten dazugeben und ca. 5 Minuten kochen lassen, in ein Sieb geben, abtropfen lassen und in der Sonne trocknen.

Vorspeisen und Salate

Spinat mit Jogurt

Sabzi ba Mast

Zutaten:

250 g Blattspinat, waschen, grob hacken und abtropfen lassen
3 bis 4 Esslöffel Jogurt
Salz

So wird es gemacht:

☺ Spinat in kochendes Salzwasser geben und garen ➡ in ein Sieb geben und abtropfen lassen, dann abkühlen.
☺ Jogurt in eine Schale geben und glatt schlagen ➡ Spinat dazugeben und gut vermengen ➡ mit Fladenbrot servieren.

****

Jogurt mit Gurken

Mast ba Chiar

Zutaten:

1 Becher Jogurt (250 g)
1 Gurke, schälen und fein hacken
1 kleine Zwiebel, fein hacken
2 Esslöffel geriebene Walnüsse
Pfefferminzblätter, waschen und fein hacken
1 Esslöffel gehackte Petersilie
evtl. kleine Rosinen (ohne Kerne)
Salz
Pfeffer

So wird es gemacht:

☺ Jogurt in eine Schale geben und glatt schlagen ➟ alle anderen Zutaten dazugeben und gut vermengen ➟ abschmecken und mit Fladenbrot servieren.

****

Hausgemachter Jogurt

Mast

Zutaten:

1 Liter Frischmilch
ca. 50 g Jogurt (ca. 2 Esslöffel)

So wird es gemacht:

☺ Frischmilch in einem Topf kochen ➟ auf ca. 35°C abkühlen lassen ➟ etwas Milch zum Jogurt geben und verrühren ➟ das Ganze zu der restlichen Milch dazugeben und umrühren ➟ Topf zudecken und in eine Decke einschlagen ➟ an einen warmen Platz stellen ➟ über Nacht stehen lassen (ca. 15 bis 17 Stunden).

Vermerk:
!! Topf nicht schütteln !!

****

Salat

Im Iran serviert man zum Essen frische Salatzutaten, z.B. einem Salatkopf, kleine Zwiebeln, Lauchzwiebeln, Schalotten, Pfefferminze, Petersilie, kleine Gurken, Radieschen, Tomaten usw., die vorher gewaschen und zerkleinert werden

Gemischter Salat

Zutaten:

1 Kopfsalat, Blätter waschen, zerkleinern und abtropfen lassen
1 Gurke, schälen und in Ringe schneiden
2 bis 3 Tomaten, in Streifen schneiden
1 bis 2 Zwiebeln, halbieren und in Streifen schneiden
Einige Oliven
1 Esslöffel gehackte Petersilie
1 Bund Radieschen, waschen und halbieren
Olivenöl
Zitronensaft
Salz und Pfeffer

So wird es gemacht:

☺ Alle Zutaten in eine große Schüssel geben und gut mischen ➟ mit Öl, Zitronensaft, Salz und Pfeffer abschmecken.

****

Auberginensalat Salat Turki

Zutaten:

1 große Aubergine
2 Knoblauchzehen, mit etwas Salz zerdrücken
Saft von 1 Zitrone
1 Zwiebel, fein hacken
1 bis 2 Tomaten, fein hacken
1 Peperoni, fein hacken
1/4 Tasse Olivenöl
Salz und Pfeffer

Eine Prise Zucker und Paprikapulver

So wird es gemacht:

☺ Falls möglich, die Aubergine auf einem Grill backen oder in Alufolie gut umhüllen und im vorgeheizten Backofen (ca. 200°C) ca. 25 Minuten garen ➟ Schale abschaben bzw. abziehen und Auberginenfruchtfleisch mit einer Gabel pürieren.

☺ In der Zwischenzeit das Olivenöl in einem Topf erhitzen ➟ Zwiebeln dazugeben und goldbraun dünsten ➟ Tomaten und Peperoni dazugeben und ca. 10 Minuten dünsten, bis die Flüssigkeit verdampft ist ➟ vom Herd nehmen ➟ Auberginenpaste dazugeben und gut vermengen ➟ mit Knoblauchpaste, Salz, Pfeffer, einer Prise Zucker und Paprikapulver abschmecken ➟ kalt servieren.

****

Selleriesalat Salatkerfes

Zutaten:

1 Sellerieknolle
2 bis 3 Kartoffeln, schälen, waschen und in kleine Würfel schneiden
1 Zwiebel, fein hacken
2 Esslöffel gehackte Petersilie
2 bis 3 Esslöffel Olivenöl
Saft einer halben Zitrone
Salz und Pfeffer

So wird es gemacht:

☺ Zitronensaft mit Wasser in eine Schüssel geben ➟ Sellerieknolle waschen, schälen, vierteln und in ca. 1 cm dicke Stücke schneiden, dann sofort in Zitronenwasser legen.

☺ Das Olivenöl in einem Topf erhitzen ➟ Zwiebeln dazugeben und glasig dünsten ➟ Selleriestücke in ein Sieb geben und abtropfen lassen, dann zu den Zwiebeln geben ➟ Kartoffeln dazugeben und umrühren, dann bei schwacher Hitze garen ➟ ab und zu umrühren ➟ 1/4 Tasse Wasser,

Petersilie, Salz und Pfeffer dazugeben, kurz zum Kochen bringen, dann bei schwacher Hitze und geschlossenem Topf ca. 15 Minuten garen ➟ Topf vom Herd nehmen, abkühlen lassen und kalt servieren.

****

Weißkohlsalat

Salat Kalam Ghal

Zutaten:

1 kleiner Kopf Weißkohl
1 bis 2 Zwiebeln, halbieren und in Streifen schneiden
1/2 Knoblauchzehe, mit etwas Salz zerdrücken
Zitronensaft oder Weinessig
Olivenöl
Salz
Pfeffer

So wird es gemacht:

☺ Kohlkopf für einige Minuten in kochendes Wasser geben, damit die Blätter weich werden ➟ Kohlkopf aus dem Wasser nehmen, Blätter lösen und in Streifen schneiden, dann in eine Salatschüssel geben ➟ Zwiebeln untermengen ➟ Olivenöl, Zitronensaft oder Essig, Salz und Pfeffer darüber geben und gut vermengen ➟ abschmecken und servieren.

****

Bohnensalat

Salat Lubia

Zutaten:

250 g frische grüne Bohnen, Köpfe abschneiden, Fäden abziehen, halbieren und waschen
1 große Zwiebel, halbieren und in Streifen schneiden
2 Esslöffel gehackte Petersilie
Olivenöl
Zitronensaft oder Weinessig
Salz
Pfeffer

So wird es gemacht:

☺ Etwas Öl in einem Topf erhitzen ➟ Bohnen dazugeben und kurz braten ➟ ca. 1 Tasse Wasser vorsichtig darüber geben und kochen lassen, bis die Bohnen gar, aber noch fest sind ➟ in eine Schüssel geben ➟ Zwiebeln, Petersilie, Olivenöl, Zitronensaft oder Weinessig, Salz und Pfeffer darüber geben ➟ gut vermengen ➟ abschmecken und kalt servieren.

****

Artischocken auf syrische Art

Schami Kingher

Zutaten:

4 bis 5 Artischocken
1 kleine Sellerieknolle, schälen und in kleine Würfel schneiden
1 Zwiebel, hacken
1 Esslöffel gehackte Petersilie
1 Zitrone, halbieren
Olivenöl
Salz, Pfeffer und eine Prise Zucker

So wird es gemacht:

☺ Artischocken waschen und die Blätter entfernen ➟ den Stiel abschneiden ➟ das „Heu“ (Samenfäden) mit dem Löffel abkratzen ➟ Artischockenherzen mit Zitronenhälften abreiben, damit die Artischocken sich nicht verfärben.
☺ Etwas Olivenöl in einem Topf erhitzen ➟ die Zwiebeln darin glasig dünsten ➟ Sellerie, Salz, Pfeffer und eine Prise Zucker dazugeben und gut vermengen ➟ ca. 1/2 Tasse Wasser darüber geben ➟ Topf zudecken und bei mittlerer Hitze 10 bis 15 Minuten garen lassen.
☺ Die Artischockenherzen in kochendes Salzwasser geben ➟ ca. 10 Minuten ziehen lassen ➟ aus dem Wasser nehmen und abtropfen lassen.
☺ Backofen auf ca. 150 bis 180°C vorheizen.

☺ Die Artischockenherzen in einer Auflaufform verteilen ➟ das Gemüse darüber geben ➟ den Gemüsesaft darüber gießen ➟ mit Petersilie bestreuen ➟ Auflaufform zudecken und in den Backofen schieben, dann ca. 15 Minuten garen ➟ kalt servieren.

****

Variante 2 Kingher ba Raugan

Zutaten:

6 Artischocken
Saft von 2 Zitronen, Zitronenhälften aufbewahren
2 bis 3 Knoblauchzehen
1/2 Tasse Olivenöl
Salz und Pfeffer

So wird es gemacht:

☺ Artischocken waschen und die Blätter entfernen ➟ den Stiel abschneiden ➟ das „Heu“ (Samenfäden) mit dem Löffel abkratzen ➟ Artischockenherzen mit Zitronenhälften abreiben, damit die Artischocken sich nicht verfärben.

☺ 300 bis 400 ml Wasser in einen Topf geben und zum Kochen bringen ➟ Zitronensaft, Olivenöl, Knoblauchzehen, Salz und Pfeffer dazugeben und umrühren ➟ abschmecken ➟ die Artischocken dazugeben und 20 bis 25 Minuten bei mittlerer Hitze kochen lassen ➟ kalt in einer Schüssel servieren.

****

Variante 3

Zutaten:

6 Artischocken
1 Sellerieknolle
1 Eigelb
Mehl
Öl, zum Braten
Eine Zitrone
Salz, Pfeffer und Garam Masala (Gewürzmischung)

So wird es gemacht:

☺ Artischocken waschen und die Blätter entfernen ➟ den Stiel abschneiden ➟ das „Heu“ (Samenfäden) mit dem Löffel abkratzen ➟ Artischockenherzen mit Zitronenhälften abreiben, damit die Artischocken sich nicht verfärben.
☺ Sellerieknolle schälen und in kleine Würfel schneiden.
☺ Artischocken und Sellerie in Salzwasser gar kochen ➟ in ein Sieb geben und abtropfen lassen, dann mit beiden Händen pressen, damit das Wasser ganz austropfen kann ➟ in eine Schüssel geben ➟ mit Salz, Pfeffer und Garam Masala abschmecken, dann zu kleinen Fladen verarbeiten.
☺ Eigelb auf einen Teller geben.
☺ Mehl auf einem Teller verteilen.
☺ Die Gemüsefladen zuerst in Eigelb eintauchen, dann in Mehl wälzen (von beiden Seiten gut mit Mehl bedecken) ➟ Öl in einer Pfanne erhitzen ➟ Gemüsefladen darin von beiden Seiten knusprig braten ➟ heiß oder kalt mit Fladenbrot servieren.

****

Hirnsalat

Magz

Zutaten:

2 bis 3 Kalbshirne, waschen
Saft einer 1/2 Zitrone
2 Esslöffel Weinessig, mit ca. 1 Liter Wasser verdünnen
3 Esslöffel Öl
3 Knoblauchzehen, mit etwas Salz zerdrücken
4 Esslöffel gehackte Petersilie
1 Sellerie, in Scheiben geschnitten
1/2 Teelöffel Kurkuma
Salz
Pfeffer

So wird es gemacht:

☺ Hirne ca. 1 Stunde in Essigwasser einlegen, dann aus dem Essigwasser nehmen und unter fließend kaltem Wasser waschen, abtropfen lassen und vierteln.

☺ Öl und ca. 1/2 kleine Tasse Wasser in einem Topf erhitzen ➟ Knoblauchpaste, Zitronensaft, Kurkuma und Sellerie dazugeben ➟ mit etwas Salz und Pfeffer abschmecken und ca. 15 Minuten kochen lassen ➟ Hirne vorsichtig in die Brühe geben und 10 bis 15 Minuten kochen ➟ in eine Schale geben, mit Petersilie garnieren und servieren.

****

Nierensalat

Kuliah

Zutaten:

500 g Kalbs- oder Lammnieren
Saft einer Zitrone
2 Esslöffel Weinessig, in ca. 1 Liter Wasser verdünnen
4 Esslöffel gehackte Petersilie
Butter oder Öl
Salz, Pfeffer und Paprikapulver

So wird es gemacht:

☺ Nieren waschen und enthäuten, Sehnen und Fett entfernen ➟ 1 Stunde in Essigwasser legen ➟ Essigwasser abgießen, Nieren waschen und in Hälften schneiden.

☺ Etwas Öl oder Butter in einer Pfanne erhitzen ➟ Nieren dazugeben und einige Minuten gar braten ➟ mit Salz, Pfeffer und Paprikapulver abschmecken, mit Zitronensaft beträufeln, dann mit gehackter Petersilie garnieren und servieren.

****

Suppen

Fleischsuppe
Abguscht

Zutaten:

500 g Lammfleisch, in große Stücke schneiden und waschen
1 Markknochen, waschen
125 g Kichererbsen, über Nacht in kaltem Wasser einweichen
2 Zwiebeln, grob hacken oder vierteln
2 Tomaten, Haut anritzen, mit kochendem Wasser überbrühen, Haut abziehen und hacken
50 g grüne Bohnen, Köpfe abschneiden und waschen
1 Esslöffel Tomatenmark
3 bis 4 Kartoffeln, schälen, waschen und vierteln
1 bis 2 getrocknete Limetten
Salz
Pfeffer
Piment
Zimt

So wird es gemacht:

☺ Kichererbsen, Markknochen, Fleisch, Zwiebeln, getrocknete LimettenSalz und Pfeffer in einen Topf geben ➡ reichlich Wasser darüber geben und solange kochen, bis die Fleischstücke und die Kichererbsen fast gar sind ➡ Tomaten, Bohnen und Kartoffeln dazugeben ➡ Tomatenmark in etwas Wasser auflösen und dazugeben ➡ mit Salz, Pfeffer, Piment und Zimt abschmecken ➡ weiter kochen, bis alle Zutaten gar sind ➡ heiß mit Fladenbrot servieren.

****

Reis-Fleisch-Suppe
Sub Bring e Guscht

Zutaten:

70 bis 75 g Langkornreis, waschen und abtropfen lassen
1 Markknochen, waschen
250 g Rinderhackfleisch
150 bis 200 g Rind- oder Lammfleisch, in Würfel schneiden und waschen
1/2 Bund Petersilie, Blätter waschen und hacken
Butter oder Öl
1/2 Teelöffel Garam Masala oder 7 Gewürze (Gewürzmischung)
Salz
Pfeffer

So wird es gemacht:

☺ Aus Markknochen 1 bis 1½ Liter Brühe kochen ➡ Brühe salzen und pfeffern ➡ Fleischstücke dazugeben und ca. 1 Stunden kochen lassen, bis das Fleisch sehr gar ist.

☺ Hackfleisch mehrmals durch den Fleischwolf drehen ➡ Gewürze, Salz und Pfeffer drüber streuen und mit beiden Händen zu einem glattem Teig verkneten ➡ den Teig zu kleinen Kugeln formen ➡ Öl oder Butter in einer Pfanne erhitzen ➡ Fleischkugeln dazugeben und rundherum goldbraun braten ➡ aus der Pfanne nehmen und zu der Suppe geben, dann ca. 15 Minuten kochen lassen ➡ Reis dazugeben und ca. 15 Minuten kochen lassen, bis die Reiskörner gar sind ➡ Suppe in eine Suppenschüssel geben, mit Petersilie garnieren und servieren.

❄❄❄❄❄❄❄❄❄❄❄

Jogurtsuppe Sub Mast

Zutaten:

250 ml Jogurt
1/2 Liter heißes Wasser
1 Zwiebel, fein hacken
1 Esslöffel Mehl
25 g gehackte Walnüsse
Öl oder Butter
Salz und Pfeffer

So wird es gemacht:

☺ Butter oder Öl in einem Topf erhitzen ➟ Zwiebeln dazugeben und dünsten, bis sie Farbe annehmen ➟ Mehl darüber streuen und bei schwacher Hitze und unter ständigem Rühren 1 bis 2 Minuten braten ➟ gehackte Walnüsse dazugeben und ca. 1 Minute mitbraten ➟ heißes Wasser vorsichtig darüber gießen und umrühren ➟ salzen und pfeffern ➟ zum Kochen bringen ➟ Topf zudecken und bei schwacher Hitze ca. 20 Minuten köcheln lassen.

☺ Jogurt in eine Schale geben ➟ mit Schneebesen glatt schlagen ➟ eine Kelle Brühe dazugeben und gut vermengen ➟ Jogurt unter ständigem Rühren zu der Suppe geben ➟ bei schwacher Hitze weiterkochen, bis die Suppe anfängt zu brodeln ➟ vom Herd nehmen und servieren.

❄❄❄❄❄❄❄❄❄❄

Eiersuppe Sub ba Tachm

Zutaten:

2 Tomaten, grob hacken oder in Stücke schneiden
1 Esslöffel Tomatenmark, mit etwas Wasser verdünnen
1 bis 2 Zwiebeln, halbieren und in Streifen schneiden
2 Kartoffeln, schälen, waschen und in kleine Stücke schneiden
3 Eier, aufschlagen, in eine Schale geben und verrühren

Butter oder Öl
1 Esslöffel getrockneten Bockshornklee
Salz

So wird es gemacht:

☺ Butter oder Öl in einem Topf erhitzen ➟ Zwiebeln dazugeben und goldbraun braten ➟ Bockskleesamen dazugeben und kurz mitbraten ➟ Tomaten untermengen und dünsten ➟ salzen und einen 3/4 bis 1 Liter Wasser darüber geben ➟ umrühren und aufkochen lassen, dann bei schwacher Hitze weiter kochen ➟ Tomatenmark dazugeben und umrühren.

☺ Öl oder Butter in einer Pfanne erhitzen ➟ Kartoffeln dazugeben, salzen und braten ➟ aus der Pfanne nehmen und zur Suppe geben ➟ ca. 10 Minuten kochen lassen ➟ Eier langsam und unter ständigem Rühren in die Suppe geben ➟ ca. 5 Minuten köcheln lassen ➟ heiß servieren.

****

Nudel-Kräutersuppe Asch Rischta

Zutaten:

1 Markknochen, waschen und daraus ca. 1 Liter Brühe kochen
je 50 g Kichererbsen und rote Bohnen, waschen und über Nacht in kaltem Wasser einweichen, in ein Sieb geben und abtropfen lassen
200 g Nudeln
1 bis 2 Zwiebeln, hacken
500 g Blattspinat, waschen und abtropfen lassen
200 bis 250 g Porree, in Scheiben schneiden und waschen
1 Bund Petersilie, Blätter waschen
2 Esslöffel gehackte Pfefferminzblätter
Butter oder Öl
Salz
Pfeffer
Piment

So wird es gemacht:

☺ Fleischbrühe und 1 Liter Wasser in einen Topf geben und zum Kochen bringen ➟ Hülsenfrüchte dazugeben und gar kochen ➟ Spinat, Porree und Petersilie dazugeben, umrühren und bei schwacher Hitze garen ➟ Zwiebeln in Butter oder Öl dünsten, bis sie eine gelbe Farbe annehmen ➟ zu der Suppe geben ➟ Suppe zum Kochen bringen, Nudeln dazugeben und ca. 10 Minuten kochen ➟ in eine Suppenschüssel geben ➟ Pfefferminzblätter kurz dünsten und über die Suppe geben ➟ heiß servieren.

****

Kräutersuppe Sub ba Sabzi

Zutaten:

1 Markknochen, waschen und daraus 1 Liter Brühe kochen
100 g Bruchreis, waschen und abtropfen lassen
1 bis 2 Zwiebeln, halbieren und in Streifen schneiden
50 g Linsen oder kleine gelbe Erbsen
1 Bund Petersilie, Blätter waschen und grob hacken
250 g Spinatblätter, waschen und grob hacken
4 bis 5 Stangen Porree, in Scheiben schneiden, waschen und abtropfen lassen
2 Schalotten, fein hacken
1 große Kartoffel, schälen, waschen und in kleine Stücke schneiden
2 bis 3 Esslöffel Pfefferminzblätter oder 1 Esslöffel getrocknete Minze
Butter oder Öl
Salz
Pfeffer

So wird es gemacht:

☺ Brühe durch das Sieb in einen Topf geben ➟ ca. 1 Liter Wasser dazugeben ➟ salzen und pfeffern ➟ zum Kochen bringen ➟ alle Zutaten (außer Zwiebeln und Pfefferminze) dazugeben, umrühren und abschmecken, dann bei schwacher Hitze 40 bis 45 Minuten garen.

☺ Öl oder Butter in einer Pfanne erhitzen ➟ Zwiebeln dazugeben und dünsten, bis sie eine goldbraune Farbe annehmen ➟ in die Suppe geben ➟ wenn alle Zutaten gar sind, in eine Suppenschüssel füllen.

☺ Pfefferminzblätter in etwas Öl oder Butter kurz dünsten (getrocknete Minze kurz rösten) und damit die Suppe garnieren ➟ heiß servieren.

Vermerk:

Mann kann einige Esslöffel Jogurt oder 1/2 bis 1 Esslöffel Granatapfelsaft zu der fertigen Suppe geben.

****

Spinatsuppe Asch Sabzi

Zutaten:

1 bis 2 Markknochen, waschen und daraus 1 Liter Brühe kochen
100 g Bruch- oder Langkornreis, waschen und abtropfen lassen
250 g Blattspinat, waschen und abtropfen lassen
250 Rinderhackfleisch
1 große Zwiebel, hacken
1 Zwiebel, in Scheiben schneiden
1/2 Bund Petersilie, Blätter waschen und hacken
1/2 Bund Pfefferminze, Blätter waschen und hacken
70 g kleine gelbe Erbsen (Lapeh)
100 ml Jogurt
Butter oder Öl
1 bis 2 Safranfäden, in 3 Esslöffel warmem Wasser auflösen
1 Teelöffel Kurkuma
1 Ei, aufschlagen, in eine Schale geben und verrühren
1 Teelöffel Zimt
1/2 Teelöffel Garam Masala (Gewürzmischung)
Salz
Pfeffer

So wird es gemacht:

☺ Hackfleisch, 2 Esslöffel Reis, 1/2 gehackte Zwiebel, Zimt, Ei, Garam Masala, Salz und Pfeffer zu einem Teig kneten und zu kleinen Bällchen formen.

☺ Brühe in einen Topf geben ➟ 1/2 bis 1 Liter Wasser dazugeben ➟ Spinat, Reis, gelbe Erbsen, gehackte Zwiebeln, Safranwasser, Salz und Pfeffer dazugeben ➟ zum Kochen bringen, dann bei schwacher Hitze 25 bis 30 Minuten köcheln lassen ➟ Hackfleischbällchen in die Suppe geben und weitere 10 bis 15 Minuten garen.

☺ Jogurt in eine Suppenschüssel geben und glatt schlagen ➟ die fertig gekochte Suppe darüber gießen ➟ Minze und Kurkuma in Butter oder Öl kurz anbraten und in die Suppe rühren ➟ Zwiebelringe in Öl oder Butter rösten und damit die Suppe garnieren und heiß servieren.

****

Kartoffelsuppe Sub sib Samini

Zutaten:

250 g Rind- oder Kalbfleisch, in kleine Würfel schneiden, waschen und abtropfen lassen
300 bis 350 g Kartoffeln
2 bis 3 Esslöffel Tomatenmark
Salz, Pfeffer, Paprikapulver und Piment

So wird es gemacht:

☺ Fleisch in ca. 1 Liter Wasser gar kochen.

☺ Kartoffeln gar kochen ➟ pellen ➟ in einen Topf geben ➟ Fleischbrühe löffelweise dazugeben und dabei die Kartoffeln mit einer Gabel zerdrücken, bis die ganze Brühe verbraucht ist ➟ Fleischstücke dazugeben ➟ Tomatenmark in der Suppe auflösen ➟ mit Salz, Pfeffer, Paprikapulver und Piment abschmecken ➟ ca. 10 Minuten kochen lassen und servieren.

****

Zwiebelsuppe Sub Biaz

Zutaten:

1 bis 2 Markknochen, waschen und daraus 1 bis 1½ Liter Brühe kochen
5 große Zwiebeln, in Scheiben schneiden
Butter oder Öl
1 Teelöffel Zimt
Salz, Pfeffer, Paprikapulver und Piment

So wird es gemacht:

☺ Butter oder Öl in einem Topf erhitzen ➟ Zwiebelscheiben dazugeben und glasig dünsten ➟ Brühe darüber gießen ➟ mit Salz, Pfeffer, Paprikapulver, Piment und Zimt abschmecken ➟ aufkochen lassen, dann bei mittlerer Hitze 15 bis 20 Minuten garen und heiß servieren.

****

Berberitzesuppe Asch Zerschek

Zutaten:

1 Markknochen, waschen und daraus ca. 1 Liter Brühe kochen
1/4 bis 1/2 Tasse Berberitze (Zerschek)
250 g Rinderhackfleisch
1 bis 2 Zwiebeln, hacken
1 bis 2 Tomaten, hacken
1 Ei, aufschlagen, in eine Schale geben und verrühren
1/2 Bund Petersilie, Blätter waschen und hacken
1 Teelöffel Zimt
1/2 Teelöffel Garam Masala (Gewürzmischung)
Salz
Pfeffer

So wird es gemacht:

☺ Berberitze kochen ➟ in ein Sieb geben und abtropfe lassen.

☺ Hackfleisch, Zwiebeln, Ei, Tomaten, Petersilie, Zimt, Garam Masala, Salz, Pfeffer und Berberitze in eine Schale geben und mit beiden Händen kneten ➟ Hackfleischteig zu kleinen Bällchen formen ➟ Fleischbrühe in einem Topf zum Kochen bringen ➟ Hackfleischbällchen dazugeben und bei mittlerer Hitze 15 bis 20 Minuten garen.

****

Linsensuppe Asch Adas

Zutaten:

200 g gelbe, braune oder rote Linsen, sortieren, waschen und abtropfen lassen
1½ Liter Wasser oder Fleischbrühe
1 Markknochen, waschen
1 Sellerie, hacken
1 große Zwiebel, hacken
1 Kartoffel, schälen, waschen und in kleine Stücke schneiden
1 Teelöffel Koriander
1/2 Teelöffel Zimt
Zitronensaft oder 1 bis 2 getrocknet Limette
Salz
Pfeffer
Butter oder Öl

So wird es gemacht:

☺ ca. 50 ml Öl oder Butter in einem Topf erhitzen ➟ Sellerie, Zwiebeln und Kartoffeln dazugeben und braten.

☺ Linsen zu dem Gemüse geben und Brühe oder Wasser darüber gießen ➟ Markknochen dazugeben, umrühren und langsam 1 bis 1½ Stunden kochen, bis die Linsen weich sind (rote Linsen werden sich auflösen, dunkle nicht) ➟ zum Schluss die Gewürze dazugeben.

☺ Die fertig gekochte Suppe pürieren (etwas Wasser dazugeben) und im Topf nochmals aufkochen.

☺ Mit gerösteten Fladenbrotstückchen servieren.

****

Reisgerichte

Grundrezept 1

Zutaten:

1 Tasse Langkornreis, waschen und abtropfen lassen
1 Teelöffel Salz
2 Tassen Wasser

So wird es gemacht:

☺ Reis, Salz und Wasser in einen Topf geben und umrühren ➡ Topf zudecken und kurz zum Kochen bringen, dann bei sehr schwacher Hitze ca. 20 Minuten köcheln lassen, bis die Flüssigkeit verdampft und der Reis gar und trocken ist ➡ heiß servieren.

❁❁❁❁❁❁❁❁❁❁

Grundrezept 2

Zutaten:

1 Tasse Langkornreis, waschen und abtropfen lassen
1 Teelöffel Salz
2 Esslöffel Öl, Butter oder Margarine
2 Tassen Wasser

So wird es gemacht:

☺ Öl, Butter oder Margarine in einem Topf erhitzen ➡ Reis dazugeben und ca. 3 Minuten unter ständigem Rühren rösten ➡ kaltes Wasser und Salz darüber geben, umrühren und Topf zudecken ➡ kurz zum Kochen bringen, dann bei sehr schwacher Hitze ca. 20 Minuten köcheln lassen, bis die Flüssigkeit verdampft und der Reis gar und trocken ist.

Gedämpfter Reis
Variante 1

Zutaten:

250 g Langkornreis, (z.B. Basmatireis), waschen und über Nacht in reichlich kaltem Wasser einweichen, in ein Sieb geben und abtropfen lassen
2 Teelöffel Salz
3 Esslöffel Butter

So wird es gemacht:

☺ Reichlich Wasser und 2 Teelöffel Salz in einen Topf geben und zum Kochen bringen ➡ Reis dazugeben und brodeln lassen, bis die Reiskörner weich aber noch fest sind ➡ Reis durch ein Sieb geben und abtropfen lassen.
☺ 2 Esslöffel Butter in einem Topf zerlassen ➡ Kochtemperatur auf sehr schwache Hitze stellen ➡ gekochten Reis mit einem Löffel locker darauf verteilen ➡ 1 Esslöffel Butter darauf geben ➡ Topfdeckel in ein Tuch hüllen (damit der Dampf aufgefangen wird) und damit den Topf zudecken ➡ 20 bis 30 Minuten garen lassen, bis der Reis trocken ist.

❁❁❁❁❁❁❁❁❁❁

Variante 2

Zutaten:

250 g Langkornreis, (z.B. Basmatireis), waschen und über Nacht in reichlich kaltem Wasser einweichen, in ein Sieb geben und abtropfen lassen
2 Teelöffel Salz
3 Esslöffel Butter
1 große Kartoffel, schälen, waschen und in dünne Scheiben schneiden

So wird es gemacht:

☺ Reichlich Wasser und 2 Teelöffel Salz in einen Topf geben und zum Kochen bringen ➡ Reis dazugeben und ca. 10 Minuten brodeln lassen, bis die Reiskörner weich aber noch fest sind ➡ Reis durch ein Sieb geben und abtropfen lassen.

☺ Butter in einem Topf zerlassen und mit etwas Wasser vermengen ➡ Kochtemperatur auf sehr schwache Hitze stellen ➡ Topfboden mit Kartoffelscheiben (oder sehr dünnes Fladenbrot) bedecken ➡ Reis mit einem Löffel locker darüber verteilen ➡ Topfdeckel in ein Tuch hüllen und damit den Topf zudecken ➡ ca. 30 Minuten garen, bis der Reis trocken ist ➡ heiß servieren und die Kartoffelkruste auf einem extra Teller anrichten.

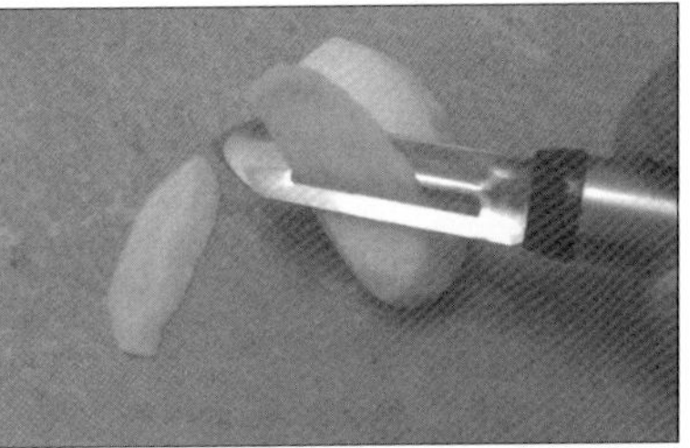

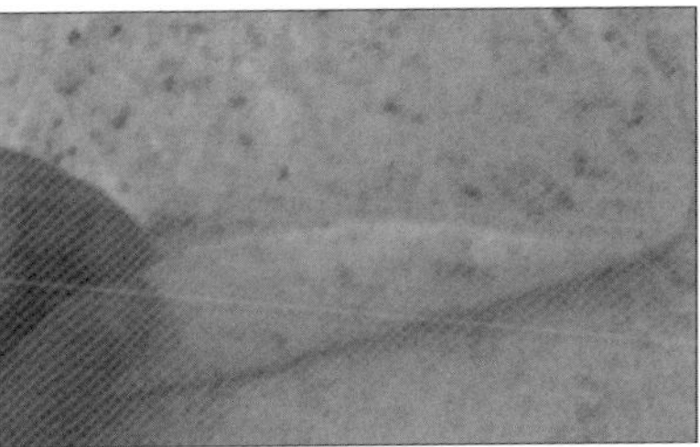

Serviervorschlag:

Reis auf Tellern servieren, in die Mitte mit dem Löffel eine kleine Mulde drücken ➡ ein Eigelb hineingeben ➡ mit Sumak (Gewürz) bestreuen, dazu Fleischspieße servieren. Zum Trinken eignet sich kaltes „Dich“ (Knoblauch-Jogurtgetränk)

❁❁❁❁❁❁❁❁❁❁

Polo

Im Iran wird Reis, der mit anderen Zutaten zubereitet wird, „Polo“ genannt.

Lamm-Aprikosen Polo

Polo Zerd Alu

Zutaten:

250 g Langkornreis (z.B. Basmati), waschen, in reichlich Wasser über Nacht einweichen, in ein Sieb geben und abtropfen lassen
250 bis 300 g Lammfleisch, in Würfel schneiden, waschen und abtropfen lassen
1 Zwiebel, hacken
100 g getrocknete Aprikosen, einige Stunden in kaltem Wasser einweichen und in kleine Stücke schneiden
2 Esslöffel Rosinen ohne Kerne
100 g Butter
1/2 Teelöffel Zimt
Salz und Pfeffer

So wird es gemacht:

☺ 50 g Butter in einem Topf zerlassen ➟ Zwiebeln dazugeben und dünsten, bis sie Farbe annehmen ➟ Fleischstückedazugeben und goldbraun braten ➟ mit Salz, Pfeffer und Zimt abschmecken ➟ Aprikosen und Rosinen untermengen ➟ mit Wasser bedecken und so lange kochen, bis das Fleisch sehr gar und die Flüssigkeit fast verdampft ist.
☺ Reichlich Wasser und 2 Teelöffel Salz in einen Topf geben und zum Kochen bringen ➟ Reis dazugeben und ca. 10 Minuten brodeln lassen, bis die Reiskörner weich aber noch fest sind ➟ Reis durch ein Sieb geben und abtropfen lassen.
☺ Die restliche Butter in einem Topf zerlassen ➟ Kochtemperatur auf sehr schwache Hitze stellen ➟ Reis und Fleischmischung schichtweise mit einem Löffel im Topf verteilen (erste und letzte Schicht muss Reis sein) ➟

Topfdeckel in ein Tuch hüllen und damit den Topf zudecken ➟ bei sehr schwacher Hitze ca. 30 Minuten köcheln lassen, bis der Reis gar ist ➟ auf einem großen Servierteller anrichten und heiß servieren.

❁❁❁❁❁❁❁❁❁❁

Reis mit Karotten Polo Hauij

Zutaten:

250 g Langkornreis (z.B. Basmati), waschen, in reichlich Wasser über Nacht einweichen, in ein Sieb geben und abtropfen lassen
250 bis 300 g Karotten, schaben und in Scheiben schneiden
1 Zwiebel, hacken
1 Teelöffel Rosenwasser
1/2 Teelöffel Zimt
1 Teelöffel Zucker
Salz
Öl, Butter oder Margarine

So wird es gemacht:

☺ Öl, Butter oder Margarine in einem Topf erhitzen ➟ Zwiebeln dazugeben und dünsten, bis sie Farbe annehmen ➟ Karotten dazugeben und ca. 10 Minuten dünsten ➟ mit Zucker und Zimt abschmecken.

☺ Reichlich Wasser und 2 Teelöffel Salz in einen Topf geben und zum Kochen bringen ➟ Reis dazugeben und ca. 10 Minuten brodeln lassen, bis die Reiskörner weich aber noch fest sind ➟ Reis durch ein Sieb geben und abtropfen lassen.

☺ ca. 50 g Butter in einem Topf zerlassen ➟ Kochtemperatur auf sehr schwache Hitze stellen ➟ Reis und Karotten schichtweise mit einem Löffel im Topf verteilen (erste und letzte Schicht muss Reis sein) ➟ mit Rosenwasser beträufeln ➟ Topfdeckel in ein Tuch hüllen und damit den Topf zudecken ➟ bei sehr schwacher Hitze ca. 30 Minuten garen ➟ auf großem Servierteller anrichten und zu Fleischgerichten servieren.

Reis mit Huhn Morgh Polo Variante 1

Zutaten:

250 g Langkornreis (z.B. Basmati), waschen, in reichlich Wasser über Nacht einweichen, in ein Sieb geben und abtropfen lassen
1 Huhn (ca. 1 kg), in Teile zerlegen und waschen
1 Zwiebel, hacken
50 bis 70 g getrocknete Aprikosen
1 bis 2 Esslöffel Rosinen ohne Kerne
1 Teelöffel Zimt
Öl oder Butter
ca. 50 g Butter
Salz
Pfeffer

So wird es gemacht:

☺ Öl oder Butter in einem Topf erhitzen ➡ Zwiebeln dazugeben und dünsten, bis sie Farbe annehmen ➡ Hähnchenteile dazugeben und knusprig braten ➡ salzen und pfeffern ➡ Aprikosen und Rosinen dazugeben und unter Rühren ca. 1 Minute braten ➡ mit Wasser bedecken, Topf zudecken und kochen lassen, bis die Hähnchenteile gar sind und die meiste Flüssigkeit verdampft ist.

☺ Reichlich Wasser und 2 Teelöffel Salz in einen Topf geben und zum Kochen bringen ➡ Reis dazugeben und ca. 10 Minuten brodeln lassen, bis die Reiskörner weich aber noch fest sind ➡ Reis durch ein Sieb geben und abtropfen lassen.

☺ ca. 50 g Butter in einem Topf zerlassen ➡ Kochtemperatur auf sehr schwache Hitze stellen ➡ Reis und Hähnchenteile schichtweise mit einem Löffel im Topf verteilen (erste und letzte Schicht muss Reis sein) ➡ Topfdeckel in ein Tuch hüllen und damit den Topf zudecken ➡ bei sehr schwacher Hitze ca. 30 Minuten garen ➡ auf großem Servierteller anrichten und servieren.

❁❁❁❁❁❁❁❁❁❁

Variante 2 Teheran Zerschek

Zutaten:

250 g Langkornreis, waschen, in reichlich Wasser über Nacht einweichen, in ein Sieb geben und abtropfen lassen
200 ml Jogurt
1 Hähnchen, zerlegen, waschen und abtropfen lassen
1 bis 2 Safranfäden, in 2 Esslöffel warmem Wasser auflösen
1 Esslöffel Berberitze (Zerschek)
1 Ei, aufschlagen, in eine Schale geben und verrühren
Öl oder Butter
50 g Butter
Salz und Pfeffer

So wird es gemacht:

☺ Öl oder Butter in einem Topf erhitzen ➡ Hähnchenteile dazugeben und braten, bis sie Farbe annehmen ➡ mit Wasser bedecken, salzen und pfeffern ➡ Topf zudecken und solange kochen, bis das Fleisch gar ist.

☺ Jogurt und Ei in eine Schale geben und gut verrühren ➡ aufgelösten Safran, Salz und Pfeffer dazugeben und gut vermengen ➡ die fertig gekochten Hähnchenteile in Jogurtmasse tauchen und beiseite stellen.

☺ Reichlich Wasser und 2 Teelöffel Salz in einen Topf geben und zum Kochen bringen ➡ Reis dazugeben und ca. 10 Minuten brodeln lassen, bis die Reiskörner weich, aber noch fest sind ➡ Reis durch ein Sieb geben und abtropfen lassen.

☺ ca. 50 g Butter in einem Topf zerlassen ➡ Kochtemperatur auf sehr schwache Hitze stellen ➡ Reis und Hähnchenteile mit Soße schichtweise mit einem Löffel im Topf verteilen (erste und letzte Schicht muss Reis sein) ➡ Berberitze kurz anbraten und über den Reis geben, Topfdeckel in ein Tuch hüllen und damit den Topf zudecken ➡ bei sehr schwacher Hitze ca. 30 Minuten garen und servieren.

Variante 3 Saa´fran Morgh

Zutaten:

250 g Langkornreis (z.B. Basmati), waschen, in reichlich Wasser über Nacht einweichen, in ein Sieb geben und abtropfen lassen
1 Hähnchen (ca. 1 kg), zerlegen, waschen und abtropfen lassen
3 Safranfäden, in 2 Esslöffel warmem Wasser auflösen
1 Zwiebel, vierteln
Zitronensaft
1/4 Teelöffel Kurkuma
1 Esslöffel Berberitze (Zerschek)
100 ml Jogurt
1 Eigelb
Butter oder Öl
ca. 50 g Butter
Salz und Pfeffer

So wird es gemacht:

☺ Hähnchenteile und Zwiebeln in einen Topf geben und mit Wasser bedecken ➡ salzen, pfeffern und gar kochen, danach aus dem Sud nehmen und abtropfen lassen ➡ Butter oder Öl in einer Pfanne erhitzen ➡ Hähnchenteile dazugeben und anbraten, dabei mit Zitronensaft und Safranwasser beträufeln.
☺ Reichlich Wasser und 2 Teelöffel Salz in einen Topf geben und zum Kochen bringen ➡ Reis dazugeben und ca. 10 Minuten brodeln lassen, bis die Reiskörner weich, aber noch fest sind ➡ Reis durch ein Sieb geben und abtropfen lassen.
☺ ca. 50 g Butter in einem Topf zerlassen ➡ Jogurt, Eigelb, Kurkuma und Safranwasser dazugeben und gut vermengen ➡ etwas Reis dazugeben und umrühren.
☺ Etwas Butter in einem Topf zerlassen ➡ Kochtemperatur auf sehr schwache Hitze stellen ➡ den vermengten Reis darauf geben ➡ Reis und Hähnchenteile schichtweise mit einem Löffel im Topf verteilen (letzte Schicht muss Reis sein)

➠ Berberitze kurz anbraten und über den Reis geben, Topfdeckel in ein Tuch hüllen und damit den Topf zudecken ➠ bei sehr schwacher Hitze ca. 30 Minuten garen ➠ auf großem Servierteller anrichten und servieren.

❁❁❁❁❁❁❁❁❁❁

Süßer Reis mit Huhn Schirin Polo

Zutaten:

250 g Langkornreis (z.B. Basmati), waschen, in reichlich Wasser über Nacht einweichen, in ein Sieb geben und abtropfen lassen
1 Hähnchen, in Teile zerlegen, waschen und abtropfen lassen
1/2 Teelöffel Safranpulver oder 2 bis 3 Safranfäden, in 2 bis 3 Esslöffel warmem Wasser auflösen
Butter oder Öl
100 bis 125 g Pistazien und Mandelsplitter
ca. 100 g Zucker
75 g getrocknete Orangenschalen. Ersatzweise ungespritzte Schale einer Orange
Salz und Pfeffer

So wird es gemacht:

☺ Falls getrocknete Orangenschalen nicht vorhanden sind, kann man die Schale einer ungespritzten Orange verwenden: Schale waschen, in sehr dünne Streifen schneiden und in eine Schale geben ➠ heißes Wasser darüber geben ➠ 24 Stunden einweichen lassen, zwischendurch das Wasser abgießen und mit heißem Wasser bedecken, dadurch lösen sich die bitteren Säfte aus den Streifen ➠ in ein Sieb geben und abtropfen lassen ➠ die Streifen und 1/2 Liter Wasser in einen Topf geben und weich kochen ➠ Zucker und etwas Safranwasser dazugeben, umrühren und aufkochen lassen ➠ Orangenflüssigkeit durch ein Sieb geben und aufbewahren.

☺ Hähnchenteile gar kochen ➠ aus dem Sud nehmen und abtropfen lassen ➠ Hähnchenfleisch vom Knochen lösen und zerkleinern ➠ etwas Sud in eine Pfanne geben ➠

Hähnchenfleisch, Safranwasser, Salz und Pfeffer dazugeben, Pistazien und Mandelsplitter untermengen und 10 bis 15 Minuten köcheln lassen. Falls nötig, etwas Sud dazugeben.
☺ Reichlich Wasser und 2 Teelöffel Salz in einen Topf geben und zum Kochen bringen ➡ Reis dazugeben und ca. 10 Minuten brodeln lassen, bis die Reiskörner weich, aber noch fest sind ➡ Reis durch ein Sieb geben und abtropfen lassen.
☺ 2 bis 3 Esslöffel Butter in einem Topf zerlassen ➡ Kochtemperatur auf sehr schwache Hitze stellen ➡ Reis und Hähnchenfleischmasse schichtweise mit einem Löffel locker darauf verteilen (erste und letzte Schicht muss Reis sein) ➡ Topfdeckel in ein Tuch hüllen und damit den Topf zudecken, dann bei schwacher Hitze ca. 30 Minuten köcheln lassen ➡ Reismischung auf einem großen Servierteller anrichten ➡ etwas Butter in einer Pfanne schmelzen lassen, bis sie braun wird, dann mit der Orangenflüssigkeit über den Reis träufeln und servieren.

❁❁❁❁❁❁❁❁❁❁

Reis mit Fleisch und Tomaten

Istambol Polo

Zutaten:

250 g Langkornreis (z.B. Basmati), waschen, in reichlich Wasser über Nacht einweichen, in ein Sieb geben und abtropfen lassen
250 g Lamm-, Rind- oder Kalbfleisch, in kleine Stücke schneiden, waschen und abtropfen lassen
1 Zwiebel, in Scheiben schneiden
500 g reife Tomaten, waschen
Butter oder Öl
Salz und Pfeffer

So wird es gemacht:

☺ Tomaten vierteln ➡ in ein Sieb geben und pressen ➡ Tomatensaft in einem Topf auffangen und mit etwas Wasser verdünnen. Eventuell 1 Esslöffel Tomatenmark dazugeben und auflösen.

☺ Öl oder Butter in einem Topf erhitzen ➟ Zwiebeln dazugeben und glasig dünsten ➟ Fleischstücke untermengen und anbraten ➟ Tomatensaft darüber geben, salzen und pfeffern und gar kochen ➟ Fleisch und Zwiebeln mit dem Schaumlöffel aus dem Sud nehmen und in eine Schüssel geben ➟ Sud beiseite stellen ➟ Reis zum Fleisch geben und gut vermengen, dann in einen Topf geben ➟ Fleischsud darüber geben, dann kaltes Wasser darüber gießen, bis die Flüssigkeit ca. 2 Fingerbreit über dem Reis steht ➟ salzen ➟ Topfdeckel in ein Tuch hüllen und damit den Topf zudecken ➟ kurz aufkochen lassen, dann bei schwacher Hitze 25 bis 30 Minuten köcheln lassen, bis der Reis gar und trocken ist.

❁❁❁❁❁❁❁❁❁❁

Reis mit Fleisch

Polo Ghoscht

Zutaten:

250 g Langkornreis (z.B. Basmati), waschen, in reichlich Wasser über Nacht einweichen, in ein Sieb geben und abtropfen lassen
250 g Lamm-, Rind- oder Kalbfleisch, in große Stücke schneiden, waschen und abtropfen lassen
1 Zwiebel, halbieren und in Scheiben schneiden
100 ml Jogurt
1 Eigelb
2 bis 3 Safranfäden, in 3 bis 4 Esslöffel warmem Wasser einweichen
Butter oder Öl
Berberitze (Menge nach Belieben)
Salz und Pfeffer

So wird es gemacht:

☺ Butter oder Öl in einem Topf erhitzen ➟ Zwiebeln dazugeben und glasig dünsten ➟ Fleischstücke untermengen und anbraten ➟ salzen und pfeffern ➟ mit Wasser fast bedecken und gar kochen ➟ aus dem Sud nehmen und beiseite stellen.

☺ Reichlich Wasser und ca. 2 Teelöffel Salz in einen Topf geben und zum Kochen bringen ➟ Reis dazugeben und ca. 10 Minuten brodeln lassen, bis die Reiskörner weich aber noch fest sind ➟ Reis durch ein Sieb geben und abtropfen lassen.

☺ Jogurt, Eigelb und Safran miteinander vermengen und mit einem Teil des Reises gut vermengen ➟ Butter in einem Topf zerlassen ➟ den vermengten Reis locker darauf verteilen ➟ Fleisch und Zwiebeln darauf geben ➟ den restlichen Reis locker darüber verteilen ➟ Berberitze kurz anbraten und darüber geben ➟ Topfdeckel in ein Tuch hüllen und damit den Topf zudecken, dann bei schwacher Hitze 25 bis 30 Minuten köcheln lassen ➟ heiß servieren

❁❁❁❁❁❁❁❁❁❁

Reis mit Linsen Adas Polo

Zutaten:

250 g Langkornreis (z.B. Basmati), waschen, in reichlich Wasser über Nacht einweichen, in ein Sieb geben und abtropfen lassen
1 Tasse Linsen, 1 Stunde in kaltem Wasser einweichen, in ein Sieb geben und abtropfen lassen
ca. 100 g Datteln
1/2 Tasse Korinthen (oder mehr)
Butter
Salz

So wird es gemacht:

☺ Linsen in Salzwasser gar kochen ➟ in ein Sieb geben und abtropfen lassen.

☺ Reichlich Wasser und ca. 2 Teelöffel Salz in einen Topf geben und zum Kochen bringen ➟ Reis dazugeben und ca. 10 Minuten brodeln lassen, bis die Reiskörner weich aber noch fest sind ➟ Linsen dazugeben und kurz mitkochen, dann in ein Sieb geben und abtropfen lassen.

☺ Etwas Butter in einer Pfanne erhitzen ➟ Datteln und Korinthen dazugeben und kurz anbraten.

☺ Butter in einem Topf zerlassen ➟ Reis-Linsenmischung und Datteln schichtweise in den Topf geben (die erste und die letzte Schicht muss Reis sein) ➟ Topfdeckel in ein Tuch hüllen und damit den Topf zudecken, dann bei schwacher Hitze 25 bis 30 Minuten köcheln lassen ➟ heiß servieren.

❁❁❁❁❁❁❁❁❁❁

Reis mit Bohnen Lubja Polo

Zutaten:

250 g Langkornreis (z.B. Basmati), waschen, in reichlich Wasser über Nacht einweichen, in ein Sieb geben und abtropfen lassen
250 g Lamm-, Rind- oder Kalbfleisch, in kleine Stücke schneiden, waschen und abtropfen lassen
1 große Zwiebel, hacken
200 bis 250 g frische grüne Bohnen, Köpfe abschneiden, waschen und in ca. 1 cm lange Stücke schneiden
250 bis 300 g Tomaten, Haut anritzen, mit kochendem Wasser überbrühen, Haut abziehen, in ein Sieb geben und durchpressen, Tomatensaft auffangen
Eventuell 1 Esslöffel Tomatenmark
Butter oder Öl
Salz und Pfeffer

So wird es gemacht:

☺ Öl oder Butter in einem Topf erhitzen ➟ Zwiebeln dazugeben und glasig dünsten ➟ Fleisch untermengen und anbraten, salzen und pfeffern ➟ mit Tomatensaft bedecken und kochen (evtl. Tomatenmark in 1/4 Tasse Wasser auflösen und dazugeben), bis die Flüssigkeit verdampft und die Fleischstücke gar sind.
☺ Bohnen in Öl oder Butter anbraten und salzen ➟ zum Fleisch geben, weiter kochen, bis die Flüssigkeit fast verdampft und die Bohnen gar sind.
☺ Reichlich Wasser und ca. 2 Teelöffel Salz in einen Topf geben und zum Kochen bringen ➟ Reis dazugeben und ca.

10 Minuten brodeln lassen, bis die Reiskörner weich aber noch fest sind ➡ in ein Sieb geben und abtropfen lassen ➡ etwas Butter in einem Topf zerlassen ➡ Reis und Fleischmasse schichtweise dazugeben (erste und letzte Schicht muss Reis sein) ➡ Topfdeckel in ein Tuch hüllen und damit den Topf zudecken ➡ bei schwacher Hitze 25 bis 30 Minuten köcheln lassen, bis der Reis gar und trocken ist ➡ auf einem großen Servierteller anrichten, mit brauner Butter beträufeln und servieren.

❁❁❁❁❁❁❁❁❁❁

Reis mit Kohl Kalam Polo

Zutaten:

250 g Langkornreis (z.B. Basmati), waschen, in reichlich Wasser über Nacht einweichen, in ein Sieb geben und abtropfen lassen
ca. 250 g Weißkohl, in kleine Streifen schneiden, waschen und abtropfen lassen
1 Zwiebel, fein hacken
ca. 200 g Rinderhackfleisch
2 Esslöffel Tomatenmark, in 1/4 Tasse Wasser auflösen
Butter
Salz und Pfeffer

So wird es gemacht:

☺ Etwas Butter in einem Topf zerlassen ➡ Zwiebeln dazugeben und dünsten, bis sie Farbe annehmen ➡ Hackfleisch untermengen und goldbraun braten ➡ salzen und pfeffern ➡ das aufgelöste Tomatenmark darüber geben, umrühren und kochen lassen, bis die Flüssigkeit verdampft ist.

☺ Weißkohlstreifen in Butter dünsten, bis sie Farbe annehmen ➡ salzen.

☺ Reichlich Wasser und ca. 2 Teelöffel Salz in einen Topf geben und zum Kochen bringen ➡ Reis dazugeben und ca. 10 Minuten brodeln lassen, bis die Reiskörner weich, aber noch fest sind ➟ in ein Sieb geben und abtropfen lassen ➟ Butter in einem Topf zerlassen ➟ eine Schicht Reis darauf verteilen, dann eine Schicht Weißkohl, danach Reis und darauf Hackfleisch und darauf den restlichen Reis ➟ Topfdeckel in ein Tuch hüllen, Topf zudecken und 25 bis 30 Minuten bei schwacher Hitze köcheln lassen ➟ auf einem Servierteller anrichten und mit brauner Butter beträufeln.

❁❁❁❁❁❁❁❁❁❁

Reis mit Sauerkirschen

Alubalu Polo

Zutaten:

250 g Langkornreis (z.B. Basmati), waschen, in reichlich Wasser über Nacht einweichen, in ein Sieb geben und abtropfen lassen
200 g Lamm- oder Rindfleisch, in Würfel schneiden, waschen und abtropfen lassen
200 g Sauerkirschen, waschen und entkernen
Zucker
1 Zwiebel, halbieren und in Streifen schneiden
Salz und Pfeffer

So wird es gemacht:

☺ Zwiebeln und Fleisch in einem Topf anbraten ➟ mit Wasser fast bedecken und solange kochen, bis die Flüssigkeit fast verdampft und die Fleischstücke gar sind ➟ salzen und pfeffern.

☺ Sauerkirschen mit etwas Wasser und ca. 2 Esslöffel Zucker aufkochen. Es muss süß-sauer schmecken.

☺ Reichlich Wasser und ca. 2 Teelöffel Salz in einen Topf geben und zum Kochen bringen ➟ Reis dazugeben und ca. 10 Minuten brodeln lassen, bis die Reiskörner weich, aber noch fest sind ➟ in ein Sieb geben und abtropfen lassen.

☺ Etwas Butter in einem Topf zerlassen ➟ die fertig gekochten Zutaten wechselweise im Topf schichten (erste und letzte Schicht muss Reis sein) ➟ Topfdeckel in ein Tuch hüllen und damit den Topf zudecken ➟ 25 bis 30 Minuten bei schwacher Hitze köcheln lassen, bis der Reis gar und trocken ist ➟ auf einen Servierteller geben und mit brauner Butter beträufeln.

❁❁❁❁❁❁❁❁❁❁

Reis mit dicken Bohnen

Baghli Polo

Zutaten:

250 g Langkornreis (z.B. Basmati), waschen, in reichlich Wasser über Nacht einweichen, in ein Sieb geben und abtropfen lassen
200 bis 250 g Lammfleisch, in große Stücke schneiden, waschen und abtropfen lassen
500 g frische dicke Bohnen, aus den Schoten lösen, oder 250 g tiefgefrorene dicke Bohnen, abtauen
1 Zwiebel, halbieren und in Scheiben schneiden
100 bis 150 g Dillspitzen
Butter
Salz
Pfeffer

So wird es gemacht:

☺ Zwiebeln und Fleisch in einem Topf anbraten ➟ mit Wasser fast bedecken und kochen lassen, bis die Flüssigkeit fast verdampft und die Fleischstücke gar sind ➟ salzen und pfeffern ➟ etwas Dill dazugeben und gut vermengen.

☺ Dicke Bohnen mit kochendem Wasser überbrühen ➟ Schalen abziehen ➟ in einen Topf geben, mit Wasser bedecken und kochen, bis sie fast gar sind ➟ in ein Sieb geben und abtropfen lassen.

☺ Reichlich Wasser und ca. 2 Teelöffel Salz in einen Topf geben und zum Kochen bringen ➟ Reis dazugeben und ca. 10 Minuten brodeln lassen, bis die Reiskörner weich aber noch fest sind ➟ die Bohnenhälften dazugeben und kurz mitkochen lassen ➟ in ein Sieb geben und abtropfen lassen.

☺ Etwas Butter in einem Topf zerlassen ➟ die fertig gekochten Zutaten in einen Topf schichten (erste und letzte

Schicht muss Reis sein), jeder Schicht mit Dill bestreuen ➞ Topfdeckel in ein Tuch hüllen ➞ Topf zudecken und 25 bis 30 Minute bei schwacher Hitze köcheln lassen, bis die Reiskörner gar und trocken sind ➞ auf einem Servierteller anrichten und mit brauner Butter beträufeln.

❁❁❁❁❁❁❁❁❁❁

Safranreis Saa´faran Polo

Zutaten:

2 Tassen Langkornreis, über Nacht in kaltem Wasser einweichen, in ein Sieb geben und abtropfen lassen
4 Esslöffel Butter
1 Zwiebel, fein hacken
1/4 Teelöffel Safranpulver, oder 3 bis 4 Safranfäden, in 3 bis 4 Esslöffel warmem Wasser auflösen
1/4 Teelöffel Kurkuma
1 Tasse Hühnerbrühe
2 Esslöffel Mandeln, in Stifte schneiden
Eventuell 2 Esslöffel Rosinen ohne Kerne
Salz

So wird es gemacht:

☺ Etwas Butter in einer Pfanne zerlassen ➞ Mandeln dazugeben und braten ➞ aus der Pfanne nehmen und warm halten ➞ Rosinen in der Pfanne anbraten, aus der Pfanne nehmen und warm halten.

☺ Butter in einem Topf zerlassen ➞ Zwiebeln dazugeben und goldbraun dünsten ➞ Reis, Gewürze und 1 bis 1½ Teelöffel Salz dazugeben, umrühren und ca. 3 Minuten braten, bis der Reis Farbe annimmt, dabei umrühren ➞ 1 Tasse Brühe, aufgelösten Safran und 3 Tassen kaltes Wasser darüber geben und umrühren ➞ Topfdeckel in ein Tuch hüllen ➞ Topf zudecken und kurz zum Kochen bringen, dann bei schwacher Hitze 25 bis 30 Minute köcheln lassen, bis die Reiskörner gar und trocken sind ➞ auf einen Servierteller geben ➞ mit Mandeln und Rosinen garnieren und servieren.

❁❁❁❁❁❁❁❁❁❁

Kartoffelauflauf
Kukua Sib

Zutaten:

2 Kartoffeln, schälen, waschen und in Salzwasser gar kochen
5 bis 6 Eier, aufschlagen, in eine Schale geben und verrühren
1 Bund Schnittlauch, hacken
2 Schalotten oder Frühlingszwiebeln, hacken
3 Esslöffel gehackte Petersilie
Butter
Salz
Pfeffer

So wird es gemacht:

☺ Backofen auf ca. 180°C vorheizen.
☺ Kartoffeln und 2 Esslöffel Butter in eine Schale geben und pürieren ➡ Eier dazugeben und zu einem geschmeidigen Teig vermengen ➡ Schnittlauch und Schalotten dazugeben und gut vermengen ➡ salzen und pfeffern ➡ eine Auflaufform mit Butter einpinseln ➡ Kartoffelmasse dazugeben und verteilen, dann im Backofen ca. 30 bis 40 Minuten backen ➡ mit Petersilie garnieren und heiß servieren.

❂❂❂❂❂❂❂❂❂❂❂

Auberginen-Omelett

Kukua Badinjan (Badmijan)

Zutaten:

5 bis 6 Eier, aufschlagen, in eine Schale geben, etwas Salz dazugeben und verrühren
2 Auberginen (ca. 1/2 kg)
Öl oder Butter
Salz
Pfeffer

So wird es gemacht:

☺ Auberginen schälen, in Scheiben schneiden, waschen und in ein Sieb geben, dann mit Salz bestreuen und ca. 15 Minuten stehen lassen (damit die bitteren Säfte austropfen können) ➟ waschen und abtropfen lassen ➟ Öl in einer Pfanne erhitzen ➟ Auberginenscheiben dazugeben und goldbraun braten ➟ abkühlen lassen und mit einer Elektroküchenmaschine pürieren, dann die Eier dazugeben und gut vermengen ➟ salzen und pfeffern.

☺ Öl oder Butter in einer Pfanne erhitzen ➟ Auberginenmasse löffelweise in das Öl geben, flachdrücken und von beiden Seiten braten ➟ heiß mit Fladenbrot servieren.

✪✪✪✪✪✪✪✪✪✪✪

Zucchini-Omelett Kuku Kedu

Zutaten:

1/2 kg Zucchini, schälen, in Scheiben schneiden, salzen und pfeffern
4 bis 5 Eier, aufschlagen, in eine Schale geben und verrühren
Butter oder Öl
Salz
Pfeffer

So wird es gemacht:

☺ Öl oder Butter in einer Pfanne erhitzen ➟ Zucchinischeiben dazugeben und goldbraun braten ➟ mit einer Küchenmaschine pürieren ➟ Eier dazugeben und gut vermengen ➟ salzen und pfeffern.

☺ Öl oder Butter in einer Pfanne erhitzen ➟ Zucchinipüree löffelweise dazugeben und braten ➟ heiß mit Fladenbrot servieren.

❂❂❂❂❂❂❂❂❂❂❂

Kräuter-Omelett Kuku Sabzi

Zutaten:

4 bis 5 Eier, aufschlagen, in eine große Schale geben und verrühren
1 Bund Dill, waschen und hacken
1 Bund Schnittlauch, waschen und hacken
2 Schalotten, fein hacken
1 bis 2 Esslöffel gehackte Minze
1/2 Esslöffel Bockskleesamen (Bockshornklee)
ca. 1 Esslöffel Mehl
Butter oder Öl
Salz
Pfeffer

So wird es gemacht:

☺ Alle Zutaten (außer Butter oder Öl) zu den Eiern geben und gut verrühren ➡ salzen und pfeffern ➡ Öl oder Butter in einer Pfanne erhitzen ➡ Eiergemisch dazugeben und bei schwacher Hitze stocken lassen, bis der Rand hellbraune Farbe annimmt ➡ mit einem Holzlöffel in der Pfanne teilen und umdrehen ➡ heiß mit Fladenbrot oder Reis servieren.

❂❂❂❂❂❂❂❂❂❂❂

Kartoffel-Omelett Kuku ba Sib

Zutaten:

3 bis 4 Eier, aufschlagen, in eine Schale geben und verrühren
500 g Kartoffeln, kochen, pellen und pürieren
1 Zwiebel, fein hacken
1 Esslöffel Tomatenmark
100 bis 150 g Rinderhackfleisch
Butter oder Öl
Eine Prise Muskat
Salz
Pfeffer

So wird es gemacht:

☺ Etwas Butter oder Öl in einer Pfanne erhitzen ➡ Zwiebeln dazugeben und glasig dünsten ➡ Hackfleisch untermengen und anbraten ➡ Tomatenmark, Muskat, Salz und Pfeffer dazugeben, gut vermengen und kurz braten ➡ Pfanne vom Herd nehmen und abkühlen lassen.

☺ Eier zu den Kartoffeln geben und gut vermengen ➡ mit feuchten Händen etwas von der Masse nehmen und flachdrücken ➡ etwas Hackfleisch in die Mitte geben und die Ränder zusammendrücken. Auf diese Weise weiter verfahren, bis alle Zutaten verbraucht sind ➡ Öl oder Butter in einer Pfanne erhitzen ➡ die gefüllten Kartoffeltaschen dazugeben und von beiden Seiten goldbraun braten ➡ heiß mit Fladenbrot servieren.

Vermerk:
Man kann das Gericht auch ohne Hackfleisch herstellen.

Auberginenauflauf
Mirza Ghasemi

Zutaten:

1 große Aubergine (ca. 500 g)
3 bis 4 Eier, aufschlagen, in eine Schale geben und verrühren
2 bis 3 Knoblauchzehen, mit etwas Salz zerdrücken
1 bis 2 Tomaten, Haut anritzen, mit kochendem Wasser überbrühen, Haut abziehen und hacken
1 bis 2 Zwiebeln, fein hacken
Butter oder Öl
Salz
Pfeffer
Eine Prise Zucker
Eventuell Piment oder Paprikapulver

So wird es gemacht:

☺ Falls möglich, die Aubergine auf einem Grill backen oder in Alufolie gut umhüllen und im vorgeheizten Backofen (200°C) ca. 25 bis 30 Minuten garen ➟ Schale entfernen und Auberginenfruchtfleisch mit einer Gabel pürieren.

☺ In der Zwischenzeit Öl oder Butter in einer Pfanne erhitzen ➟ Zwiebeln dazugeben und goldbraun dünsten ➟ Tomaten dazugeben und ca. 10 Minuten dünsten, bis die Flüssigkeit fast verdampft ist ➟ Auberginen und Knoblauchpaste dazugeben und gut vermengen ➟ mit Salz, Pfeffer und einer Prise Zucker abschmecken ➟ Eier darüber geben, umrühren und stocken lassen ➟ heiß mit Fladenbrot oder Reis servieren.

❂❂❂❂❂❂❂❂❂❂❂

Fleisch-Omelett
Kokoa Ghoscht

Zutaten:

100 g Rinderhackfleisch
1 kleine Zwiebel, hacken
2 Eier, aufschlagen, in eine Schale geben und verrühren
1 Esslöffel gehackte Petersilie
Öl oder Butter
Salz
Pfeffer

So wird es gemacht:

☺ Öl oder Butter in einer Pfanne erhitzen ➡ Zwiebeln dazugeben und glasig dünsten ➡ Hackfleisch untermengen und goldbraun braten ➡ Petersilie, Salz und Pfeffer dazugeben und umrühren ➡ Eier darüber geben, verrühren und stocken lassen, bis der Rand braun wird, dann umdrehen und weiter braten, bis die andere Seite Farbe annimmt ➡ heiß mit Fladenbrot und Salat servieren.

✪✪✪✪✪✪✪✪✪✪

Gemüsegerichte

Auflaufgerichte/Khorescht

Khorescht sind Gemüsegerichte, die mit Fleisch gekocht sind und deren Soße etwas dicker ist, als die in deutschen Küchen hergestellten Soßen. Man isst sie mit Reisgerichten (Polo oder Schelo).

Auberginenauflauf mit gelben Erbsen

Zutaten:

2 Auberginen (ca. 500 g)
250 g Hammel- oder Lammfleisch, in Würfel schneiden, waschen und abtropfen lassen
75 g geschälte kleine gelbe Erbsen (Lapeh), über Nacht in Wasser einweichen, in ein Sieb geben und abtropfen lassen
1 Zwiebel, hacken
2 Tomaten, Haut anritzen, mit kochendem Wasser überbrühen, Haut abziehen und fein hacken
1 Knoblauchzehe, mit etwas Salz zerdrücken
1 Esslöffel Tomatenmark
1/2 Teelöffel Zimt
1/4 Teelöffel geriebener Muskat
Öl oder Butter
Salz und Pfeffer

So wird es gemacht:

☺ Auberginen schälen und in Scheiben schneiden ➟ in ein Sieb geben, salzen und ca. 20 Minuten stehen lassen, damit die bitteren Säfte austropfen können ➟ waschen und abtropfen lassen.

☺ Tomatenmark in 1 Tasse heißem Wasser auflösen.

☺ Öl oder Butter in einem Topf erhitzen ➟ Zwiebeln dazugeben und glasig dünsten ➟ Fleischstücke untermengen und anbraten ➡ Tomaten und Knoblauchpaste dazugeben, gut vermengen und einige Minuten dünsten ➡ aufgelöstes Tomatenmark und Erbsen dazugeben und umrühren ➡ mit Salz, Pfeffer und Gewürzen abschmecken ➡ Topf zudecken und solange kochen, bis die Fleischstücke sehr gar sind, eventuell etwas Wasser nachgießen ➡ Zwischendurch Auberginenscheiben in Öl oder Butter braun braten ➡ zum Fleisch geben und bei schwacher Hitze 10 bis 15 Minuten köcheln lassen ➡ heiß mit Reis und Salat servieren

****

Spinatauflauf mit Pflaumen

Zutaten:

500 g Rind- oder Kalbfleisch, in Würfel schneiden, waschen und abtropfen lassen
200 bis 250 g getrocknete Pflaumen, über Nacht in Wasser einweichen, in ein Sieb geben und abtropfen lassen
250 g Blattspinat, waschen und abtropfen lassen
1 Zwiebel, hacken
Saft einer Zitrone
1 Teelöffel Zimt
1/4 Teelöffel Muskat
Butter oder Öl
Salz und Pfeffer

So wird es gemacht:

☺ Butter oder Öl in einem Topf erhitzen ➡ Zwiebeln dazugeben und glasig dünsten ➡ Fleischstücke untermengen und goldbraun braten ➡ 1/2 Liter Wasser, Zimt, Muskat, Salz und Pfeffer dazugeben, umrühren und mit Zitronensaft abschmecken ➡ zum Kochen bringen, Topf zudecken und bei schwacher Hitze 1 bis 1½ Stunden köcheln lassen, bis die Fleischstücke gar sind ➡ die eingeweichten Pflaumen und den Spinat untermengen und weitere 20 Minuten köcheln lassen. Eventuell etwas Wasser darüber geben ➡ heiß mit Reis servieren.

Apfelauflauf

Khorescht ba Sib

Zutaten:

500 g Rind- oder Kalbfleisch, in Würfel schneiden, waschen und abtropfen lassen
1 großer saurer Apfel, schälen, halbieren, entkernen und in Scheiben schneiden
Saft einer Zitrone
1 Teelöffel Zimt
Öl oder Butter
Salz
Pfeffer

So wird es gemacht:

☺ Öl oder Butter in einem Topf erhitzen ➟ Zwiebeln dazugeben und glasig dünsten ➟ Fleischstücke untermengen und goldbraun braten ➟ Zimt darüber streuen ➟ 1/2 Liter Wasser darüber geben ➟ mit Salz und Pfeffer abschmecken ➟ etwas Zitronensaft darüber geben, umrühren, Topf zudecken und zum Kochen bringen, dann bei schwacher Hitze köcheln lassen, bis die Fleischstücke gar sind.

☺ In der Zwischenzeit etwas Butter in einer Pfanne oder einem Topf zerlassen ➟ Apfelscheiben dazugeben und dünsten, bis sie Farbe annehmen ➟ zum Fleisch geben und unterheben ➟ 5 bis 6 Minuten köcheln lassen ➟ heiß mit Reis servieren.

****

Quittenauflauf Khorescht Beh

☺ Quittenauflauf wird wie Apfelauflauf zubereitet (Seite 50). Dafür benötigen Sie die gleichen Zutaten, statt Äpfel nehmen Sie 4 Quitten, waschen, halbieren, entkernen und würfeln ➠ etwas Butter in einer Pfanne zerlassen, Quittenstücke dazugeben und dünsten, bis sie Farbe annehmen ➠ zum Fleisch geben und 7 bis 8 Minuten köcheln lassen.
Wer möchte, kann auch ca. 75 g kleine geschälte gelbe Erbsen (Lapeh) dazugeben. Die Erbsen müssen über Nacht in Wasser eingeweicht und mit dem Fleisch gegart werden.

****

Rhabarberauflauf Khorescht ba Roasch

Zutaten:

500 g Rind- oder Kalbfleisch, in Würfel schneiden, waschen und abtropfen lassen
500 g frischer Rhabarber, waschen und in Stücke schneiden
1 Zwiebel, hacken
Saft 1/2 Zitrone
1 Teelöffel Zimt
Öl oder Butter
Salz und Pfeffer

So wird es gemacht:

☺ Butter oder Öl in einem Topf erhitzen ➠ Zwiebeln dazugeben und glasig dünsten ➠ Fleischstücke untermengen und goldbraun braten ➠ 1/2 Liter Wasser, Zimt, Salz und Pfeffer dazugeben und umrühren ➠ zum Kochen bringen, Topf zudecken und bei schwacher Hitze 1 bis 1½ Stunden köcheln lassen, bis die Fleischstücke gar sind.
☺ Rhabarbestücke in Butter für einige Minuten weich dünsten ➠ etwas Zitronensaft darüber geben und umrühren ➠ 2 bis 3 Minuten weiter kochen ➠ zum Fleisch geben ➠ gut vermengen und 10 Minuten köcheln lassen ➠ heiß mit Reis servieren.

Okraauflauf

Khorescht Bamieh

Zutaten:

250 g Lamm- oder Hammelfleisch, in Würfel schneiden, waschen und abtropfen lassen
500 g frische kleine Okra oder getrocknete Okra
2 Zwiebeln, hacken
4 Tomaten, Haut anritzen, mit kochendem Wasser überbrühen, Haut abziehen und fein hacken
1 Esslöffel Tomatenmark, in 1½ Tassen Wasser auflösen
1 bis 2 Knoblauchzehen, mit etwas Salz zerdrücken
1/2 Teelöffel Garam Masala (Gewürzmischung)
Zitronensaft
Öl oder Butter
Salz
Pfeffer

So wird es gemacht:

☺ Getrocknete Okra ca. 1 Stunde in Wasser einweichen, frische Okraschoten an den Stielenden spitzförmig abschneiden ➟ kaltes Wasser mit etwas Zitronensaft vermengen und die Okra für ca. 15 Minuten hineinlegen ➟ in ein Sieb geben und abtropfen lassen.
☺ In der Zwischenzeit Butter oder Öl in einem Topf erhitzen ➟ Zwiebeln dazugeben und glasig dünsten ➟ Fleischstücke dazugeben und von allen Seiten anbraten ➟ Tomaten und Knoblauchpaste untermengen und einige Minuten dünsten ➟ aufgelöstes Tomatenmark darüber geben, mit Salz, Pfeffer und Garam Masala abschmecken ➟ Topf zudecken und zum Kochen bringen, dann bei schwacher Hitze garen ➟ Okra dazugeben und ca. 20 Minuten köcheln lassen, bis die Schoten gar sind ➟ heiß mit Reis servieren.

****

Zucchiniauflauf

Khorescht Kedu

Zutaten:

250 g Lamm- oder Hammelfleisch, in Würfel schneiden, waschen und abtropfen lassen
500 g kleine Zucchini
1 große Zwiebel, hacken
1 Esslöffel Tomatenmark. in 1 Tasse Wasser auflösen
2 Tomaten, Haut anritzen, mit kochendem Wasser überbrühen, Haut abziehen und fein hacken
1/2 Teelöffel Garam Masala (Gewürzmischung)
Salz
Pfeffer
Öl oder Butter

So wird es gemacht:

☺ Öl oder Butter in einem Topf erhitzen ➟ Zwiebeln dazugeben und glasig dünsten ➟ Fleischstücke untermengen und goldbraun braten ➟ Tomaten und Garam Masala untermengen und 2 bis 3 Minuten dünsten ➟ das aufgelöste Tomatenmark und so viel Wasser zum Fleisch geben, bis die Fleischstücke fast bedeckt sind ➟ salzen und pfeffern, Topf zudecken und zum Kochen bringen, dann bei schwacher Hitze köcheln lassen, bis die Fleischstücke gar sind.

☺ In der Zwischenzeit Zucchini waschen, Stielansätze abschneiden, schaben und in dicke Scheiben schneiden ➟ etwas Öl oder Butter in einer Pfanne erhitzen ➟ Zucchinischeiben dazugeben, salzen und pfeffern und weich braten ➟ zum Fleisch geben und ca. 10 Minuten köcheln lassen ➟ abschmecken und heiß mit Reis servieren.

✻✻✻✻✻✻✻✻✻✻

Erbsenauflauf

Khorescht Ghemeh

Zutaten:

500 g Rind- oder Kalbfleisch, in Würfel schneiden, waschen und abtropfen lassen
150 g geschälte kleine gelbe Erbsen (Lapeh), über Nacht in Wasser einweichen, in ein Sieb geben und abtropfen lassen
3 Tomaten, Haut anritzen, mit kochendem Wasser überbrühen, Haut abziehen und fein hacken
25 g Tomatenmark in ca. 1 Tasse Wasser auflösen
1 bis 2 Zwiebeln, hacken
1 bis 2 getrocknete persische Limonen (Limo Omani) oder Limonenpulver
1 Teelöffel Garam Masala (Gewürzmischung)
Salz
Pfeffer
Öl oder Butter

So wird es gemacht:

☺ Etwas Öl oder Butter in einem Topf erhitzen ➠ Zwiebeln dazugeben und glasig dünsten ➠ Fleischstücke untermengen und goldbraun braten ➠ Tomaten und Garam Masala dazugeben, umrühren und 1 bis 2 Minuten dünsten ➠ das aufgelöste Tomatenmark dazugeben und umrühren ➠ mit Wasser bedecken ➠ salzen und pfeffern ➠ Topf zudecken und zum Kochen bringen, dann bei schwacher Hitze köcheln lassen, bis die Fleischstücke fast gar sind ➠ getrocknete Limonen und Erbsen unterheben ➠ köcheln lassen, bis alle Zutaten gar sind ➠ heiß mit Reis servieren.

****

Sellerieauflauf
Khorescht Karfas

Zutaten:

250 g Rind- oder Kalbfleisch, in Würfel schneiden, waschen und abtropfen lassen
1 großer Sellerie, schälen, harte Stellen entfernen und in kleine Stücke schneiden
1 Zwiebel, hacken
1 Tomate, Haut anritzen, mit kochendem Wasser überbrühen, Haut abziehen und fein hacken
1 Esslöffel Tomatenmark, in 1/2 Tasse Wasser auflösen
1/2 Bund Pfefferminze, Blätter waschen
1 Bund Petersilie, Blätter waschen
1 Esslöffel Dillspitzen
Zitronensaft
Butter oder Öl
Salz
Pfeffer

So wird es gemacht:

☺ Öl oder Butter in einem Topf erhitzen ➟ Zwiebeln dazugeben und glasig dünsten ➟ Fleischstücke untermengen und goldbraun braten ➟ Tomaten untermengen und 1 bis 2 Minuten dünsten ➟ aufgelöstes Tomatenmark, Salz und Pfeffer zum Fleisch geben, Topf zudecken und zum Kochen bringen, dann bei schwacher Hitze köcheln lassen, bis die Fleischstücke fast gar sind.
☺ In der Zwischenzeit etwas Butter oder Öl in einer Pfanne erhitzen ➟ Selleriestücke dazugeben und weich dünsten ➟ zum Fleisch geben und umrühren.
☺ Kräuter einzeln in einer Pfanne mit Öl oder Butter dünsten und zum Fleisch geben, dann bei schwacher Hitze 10 bis 15 Minuten köcheln lassen. Eventuell etwas Wasser dazugeben ➟ mit Zitronensaft, Salz und Pfeffer abschmecken und heiß mit Rois servieren.

Gefüllte Weinblätter mit Hackfleisch

Dolmeh Barg Mo

Zutaten:

1 Beutel eingelegte Weinblätter
ca. 300 g Rinderhackfleisch
1 Bund Petersilie, Blätter waschen und hacken
2 Tomaten, fein hacken
2 bis 3 Knoblauchzehen, mit etwas Salz zerdrücken
1 Tasse Langkornreis, ca. 1 Stunde in Wasser einweichen, waschen, in ein Sieb geben und abtropfen lassen
1 großer Markknochen, daraus eine Brühe kochen, durch ein Sieb geben und Brühe in einem Topf auffangen
2 Esslöffel Tomatenmark, in der Brühe auflösen
2 Kartoffeln, schälen, waschen und in dünne Scheiben schneiden
Salz
Pfeffer
Paprikapulver und Piment

So wird es gemacht:

☺ Füllung vorbereiten:
Hackfleisch in einen Topf oder eine Schüssel geben ➡ Tomaten, Reis, Knoblauchpaste, Zwiebeln, Petersilie, Salz, Pfeffer, Piment und Paprikapulver dazugeben und mit den Händen kneten.

☺ Weinblätter waschen und ca. 15 Minuten in Wasser kochen ➡ in ein Sieb geben und abtropfen lassen ➡ Stiele und harte Ecken abschneiden (Abb. 1) ➡ Weinblätter mit der rauen Seiten nach oben auf die Arbeitsfläche legen ➡ auf

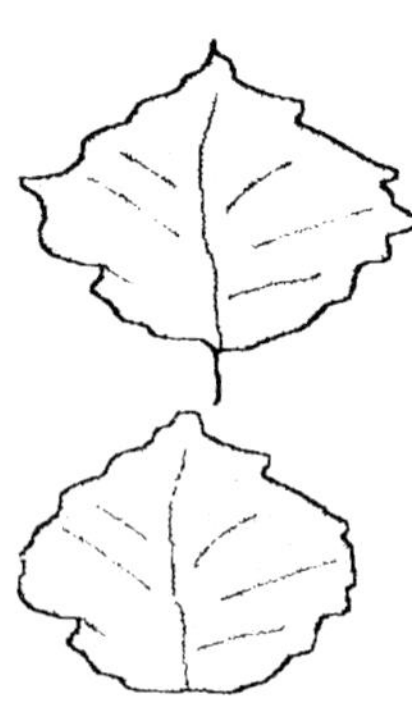

Abb. 1

jedes Blatt einen Esslöffel Füllung geben (Abb.2/A), dann die untere Ecke nach innen schlagen (über die Füllung) (Abb. 2/B), anschließend die Seiten (Abb. 2/C) ➡ den unteren Teil in Richtung Blattspitze aufrollen (Abb. 2/D).

Abb. 2

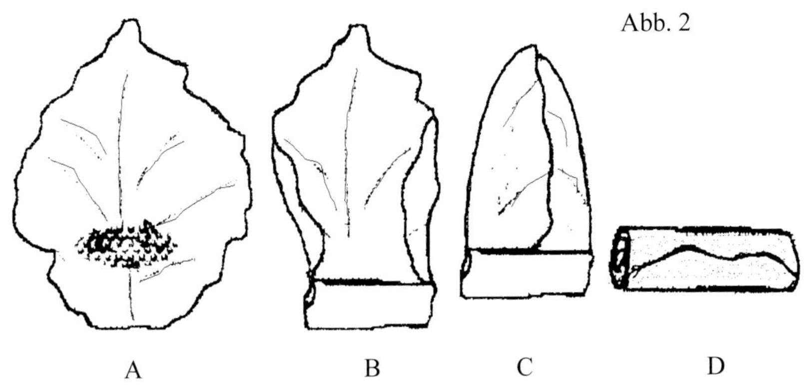

☺ Wenn die Blätter gefüllt und gerollt sind, bindet man alle 10 bis 15 Rollen jeweils mit einem Faden zusammen. Damit wird verhindert, dass die Füllung beim Kochen aus den Rollen ausläuft.

☺ Mit einigen Kartoffelscheiben den Boden des Kochtopfes auslegen ➡ die gefüllten Weinblätter darauf legen (Abb. 3) ➡ Tomatenmark in 1 Tasse Wasser und 1 Tasse Brühe auflösen und zu den gerollten Weinblätter geben ➡ einen Teller auf die Weinblätter legen, darauf eine kleine Schüssel mit Wasser stellen ➡ Topf zudecken und aufkochen, dann bei schwacher Hitze ca. 30 Minuten köcheln lassen ➡ heiß mit Fladenbrot und Salat servieren.

Abb. 3

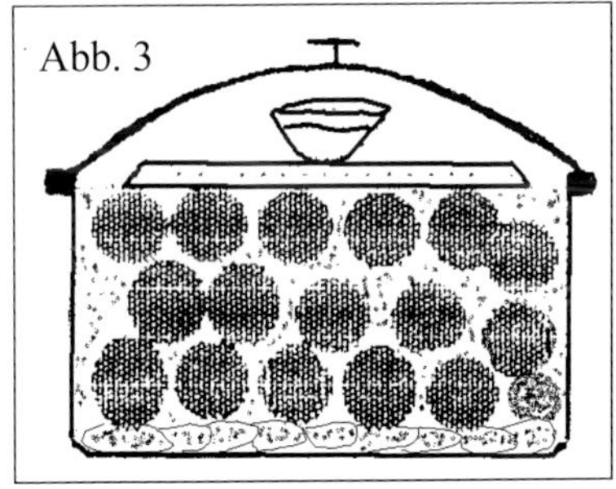

****

Gefüllte Weinblätter mit gelben Erbsen

Zutaten:

1 Beutel eingelegte Weinblätter
1 Tasse Langkornreis, ca. 1 Stunde in Wasser einweichen, waschen, in ein Sieb geben und abtropfen lassen
ca. 75 g geschälte kleine gelbe Erbsen (Lapeh), über Nacht in Salzwasser einweichen, durch ein Sieb geben und abtropfen lassen
1 Zwiebel, hacken
200 g Rinderhackfleisch
Zitronensaft
ca. 3 Esslöffel Jogurt
je 1/8 Teelöffel Kardamompulver, Zimt, Nelkenpulver und Muskat
je 1/4 Teelöffel Bohnenkraut und Dillspitzen
1/2 Bund Petersilie, Blätter waschen und hacken
Zucker
Salz und Pfeffer
Öl oder Butter

So wird es gemacht:

☺ Weinblätter waschen und ca. 15 Minuten in Wasser kochen ➡ durch ein Sieb geben und abtropfen lassen ➡ Stiel und harte Stellen abschneiden (siehe Seite 56, Abb. 1).

☺ Etwas Öl oder Butter in einem Topf erhitzen ➡ Zwiebeln dazugeben und glasig dünsten ➡ Hackfleisch untermengen und braten ➡ Topf vom Herd nehmen ➡ Reis, Erbsen, Salz, Jogurt, Gewürze und Kräuter dazugeben und gut vermengen.

☺ Weinblätter mit der rauen Seite nach oben auf die Arbeitsfläche legen ➡ auf jedes Blatt einen Esslöffel Füllung geben (Abb.2/A Seite 57), dann die untere Ecke nach innen schlagen (über die Füllung) (Abb. 2/B Seite 57) , dann die Seiten (Abb. 2/C Seite 57) ➡ den unteren Teil Richtung Blattspitze aufrollen (Abb. 2/D Seite 57).

☺ Wenn die Blätter gefüllt und gerollt sind, bindet man alle 10 bis 15 Rollen jeweils mit einem Faden zusammen. Damit wird verhindert, dass die Füllung beim Kochen aus den Rollen ausläuft.

☺ Gefüllte Blätter in einem Topf geben ➡ 1 Teelöffel Zucker und etwas Zitronensaft in 2 Tassen Wasser auflösen ➡ über die Blätter geben, dann einen Teller nehmen und auf die Blätter legen, darauf eine kleine Schüssel mit Wasser stellen (siehe Seite 57, Abb. 3) ➡ Topf zudecken und zum Kochen bringen, dann bei schwacher Hitze ca. 30 Minuten köcheln lassen ➡ die fertig gekochten Weinblätter in eine Schüssel geben, Sud darüber gießen und heiß servieren.

****

Gefüllte Weißkohlblätter

Dolmeh Karm Kalam

Zutaten:

1 Kopf Weißkohl
1 Tasse Langkornreis, ca. 1 Stunde in Wasser einweichen, waschen, in ein Sieb geben und abtropfen lassen
ca. 75 g geschälte kleine gelbe Erbsen (Lapeh), über Nacht in Salzwasser einweichen, durch ein Sieb geben und abtropfen lassen
1 Zwiebel, hacken
200 g Rinderhackfleisch
Zitronensaft
ca. 3 Esslöffel Jogurt
je 1/8 Teelöffel Kardamompulver, Zimt, Nelkenpulver und Muskat
1/4 Teelöffel Bohnenkraut
1/4 Teelöffel Dillspitzen
1/2 Bund Petersilie, Blätter waschen und hacken
Zucker
Salz
Pfeffer
Öl oder Butter

So wird es gemacht:

☺ Reichlich Salzwasser in einem großen Topf zum Kochen bringen ➟ Weißkohlkopf in das kochende Wasser geben und ca. 15 Minuten köcheln lassen, damit die Blätter leichter vom Stumpf abgelöst werden können ➟ in ein Sieb geben und abtropfen lassen, dann die Blätter ablösen.

☺ Öl oder Butter in einem Topf erhitzen ➟ Zwiebeln dazugeben und glasig dünsten ➟ Hackfleisch untermengen und braten ➟ Topf vom Herd nehmen ➟ Reis, Erbsen, Salz, Pfeffer, Jogurt, Gewürze und Kräuter dazugeben und gut vermengen.

☺ Weißkohlblätter von harten Rändern und Stielen befreien ➟ Blätter mit der Innenseite nach oben auf die Arbeitsfläche legen, dann auf jedes Blatt einen Esslöffel Füllung geben ➟ untere Ecke des Blattes nach innen schlagen (auf die Füllung), anschließend die Seiten ➟ den unteren Teil in Richtung Blattspitze aufrollen.

☺ Wenn die Blätter gefüllt und gerollt sind, bindet man alle 10 bis 15 Rollen jeweils mit einem Faden zusammen, damit verhindert wird, dass die Füllung beim Kochen aus den Rollen ausläuft.

☺ Gefüllte Blätter in einen Topf schichten ➟ 1 Teelöffel Zucker und etwas Zitronensaft in ca. 2 Tassen Wasser lösen und über die Blätter geben ➟ einen Teller nehmen und auf die Blätter legen, darauf eine kleine Schüssel mit Wasser stellen (siehe Seite 57, Abb. 3) ➟ Topf zudecken und zum Kochen bringen, dann bei schwacher Hitze ca. 30 Minuten köcheln lassen ➟ die fertig gekochten Weißkohlblätter in eine Schüssel geben, Sud darüber gießen und heiß servieren.

****

Gefüllte Auberginen Dolmeh Bahinjan

Zutaten:

5 bis 6 kleine Auberginen
1/2 Tasse Langkornreis, waschen und abtropfen lassen
50 g geschälte kleine gelbe Erbsen (Lapeh), waschen, über Nacht in kaltem Wasser einweichen, in ein Sieb geben und abtropfen lassen
1 Zwiebel, hacken
1 Tomate, hacken
ca. 200 g Rinderhackfleisch
50 g Tomatenmark
ca. 3 Esslöffel Jogurt
je 1/8 Teelöffel Kardamompulver, Zimt, Nelkenpulver und Muskat
je 1/4 Teelöffel Bohnenkraut und Dillspitzen
1/2 Bund Petersilie, Blätter waschen und hacken
Zucker
Salz und Pfeffer
Öl oder Butter

So wird es gemacht:

☺ Füllung vorbereiten:
Öl oder Butter in einem Topf erhitzen ➟ Zwiebeln dazugeben und glasig dünsten ➟ Hackfleisch untermengen und braten ➟ Topf vom Herd nehmen ➟ Reis, Salz, Pfeffer, Gewürze und Kräuter dazugeben und gut vermengen.
☺ Stielenden der Auberginen als Deckel abschneiden und aufbewahren ➟ mit einem langstieligen Löffel vorsichtig aushöhlen, dann von innen und außen salzen ➟ ca. 30 Minuten stehen lassen, waschen und abtropfen lassen.
☺ Auberginen mit Hackfleischfüllung ca. 3/4 füllen ➟ Deckel aufsetzen und mit den Öffnungen nach oben in einen Topf stellen ➟ Tomatenmark in ca. 2 Tassen Wasser oder 1 Tasse Wasser und 1 Tasse Brühe auflösen, Tomaten dazugeben, umrühren und zu dem gefüllten Gemüse geben ➟ Topf zudecken und kurz zum Kochen bringen, dann bei schwacher

Hitze ca. 30 Minuten köcheln lassen ➟ heiß mit Fladenbrot servieren.

****

Gefüllte Tomaten Dolmeh Gojah Franki

Zutaten:

4 bis 5 große Tomaten
200 g Rinderhackfleisch
1 bis 2 Zwiebeln, hacken
1 Knoblauchzehe, mit etwas Salz zerdrücken
1/2 Bund Petersilie, Blätter waschen und hacken
50 g Tomatenmark
Öl oder Butter
Salz
Pfeffer
Paprikapulver und Piment

So wird es gemacht:

☺ Tomaten waschen, rund um die Stiele einen Deckel ausschneiden, dann mit einem Löffel aushöhlen (Fruchtfleisch aufbewahren).
☺ Etwas Öl oder Butter in einem Topf erhitzen ➟ Zwiebeln dazugeben und glasig dünsten ➟ Hackfleisch und Knoblauchpaste untermengen und braten, bis sie Farbe annehmen ➟ Fruchtfleisch, Petersilie, Salz, Pfeffer, Piment und Paprikapulver dazugeben und 1 bis 2 Minuten dünsten ➟ Topf von der Herdplatte nehmen.
☺ Tomaten mit Hackfleischmischung füllen, Deckel aufsetzen und mit den Öffnungen nach oben in einen Topf legen ➟ Tomatenmark in 2 Tassen Wasser oder Fleischbrühe auflösen und zu den gefüllten Tomaten geben ➟ Topf zudecken und kurz zum Kochen bringen, dann bei schwacher Hitze ca. 20 bis 25 Minuten köcheln lassen ➟ heiß mit Fladenbrot servieren.

Vermerk:
Man kann auch geschälte Kartoffeln mitkochen lassen.

Auberginen mit Zwiebeln
Badinjan ba Biaz

Zutaten:

500 g Auberginen
250 g Rind- oder Kalbfleisch, in Würfel schneiden, waschen und abtropfen lassen
250 g Zwiebeln, in Scheiben schneiden
200 g Tomaten, hacken
1 bis 2 Esslöffel Tomatenmark
2 bis 3 Knoblauchzehen, mit etwas Salz zerdrücken
1 kleine Pfefferschote, Stielansatz abschneiden, entkernen und fein hacken
1/2 Bund Petersilie, Blätter waschen und hacken
1 Teelöffel Garam Masala (Gewürzmischung)
Salz
Pfeffer
Öl oder Butter

So wird es gemacht:

☺ Auberginen waschen, Stielansätze abschneiden, schälen, in Würfel schneiden, mit Salz bestreuen und ca. 20 Minuten stehen lassen ➟ waschen und abtropfen lassen ➟ Öl in einer Pfanne erhitzen ➟ Auberginen dazugeben und weich dünsten ➟ in ein Sieb geben und abtropfen lassen.
☺ Öl oder Butter in einem Topf erhitzen ➟ Fleischstücke dazugeben und goldbraun braten ➟ Zwiebeln, Knoblauchpaste, Petersilie, Pfefferschoten, Garam Masala, Salz und Pfeffer dazugeben, umrühren und dünsten, bis die Zwiebeln glasig sind ➟ fast mit Wasser bedecken und solange kochen, bis das Fleisch fast gar ist ➟ Tomatenmark in etwas Wasser auflösen und dazugeben, Auberginen und Tomaten untermengen, Topf zudecken und bei schwacher Hitze köcheln lassen, bis die meiste Flüssigkeit verdampft und die Auberginen und das Fleisch gar sind (die Soße muss dickflüssig sein) ➟ heiß mit Reis und Salat servieren.

❋❋❋❋❋❋❋❋❋❋

Bohnen mit Fleisch
Lubia ba Ghoscht

Zutaten:

250 g frische grüne Bohnen, Köpfe abschneiden, halbieren und waschen
150 g Rind- oder Kalbfleisch, in Würfel schneiden, waschen und abtropfen lassen
3 bis 4 Zwiebeln, in Scheiben schneiden
1 bis 2 Knoblauchzehen, vierteln
2 Tomaten, hacken
1 bis 2 Esslöffel Tomatenmark, in 1 Tasse Wasser auflösen
Salz
Pfeffer
Garam Masala (Gewürzmischung)
Öl oder Butter

So wird es gemacht:

☺ Öl oder Butter in einem Topf erhitzen ➟ Zwiebeln dazugeben und glasig dünsten ➟ Fleischstücke untermengen und braten, bis sie Farbe annehmen ➟ Tomaten und Knoblauch untermengen, abschmecken und dünsten, bis die meiste Flüssigkeit verdampft ist ➟ das aufgelöste Tomatenmark dazugeben, mit Wasser fast bedecken und umrühren ➟ kurz aufkochen lassen, dann bei schwacher Hitze köcheln lassen, bis das Fleisch fast gar ist.
☺ Öl oder Butter in einer Pfanne erhitzen ➟ Bohnen dazugeben und braten, bis sich die grüne Farbe ändert ➟ Bohnen zum Fleisch geben, umrühren und Topf zudecken ➟ köcheln lassen, bis alle Zutaten gar sind ➟ heiß mit Reis und Salat servieren.

****

Kartoffeln mit Fleisch

Sibsamini ba Ghoscht

Zutaten:

500 g Kartoffeln, schälen und waschen
250 g Rind- oder Kalbfleisch, in Würfel schneiden, waschen und abtropfen lassen
2 bis 3 Zwiebeln, hacken
2 Tomaten, hacken
1 bis 2 Esslöffel Tomatenmark, mit etwas Wasser auflösen
1/2 Bund Petersilie, Blätter waschen und hacken
1 bis 2 Knoblauchzehen, mit etwas Salz zerdrücken
1 Teelöffel Garam Masala (Gewürzmischung)
Salz
Pfeffer
Öl oder Butter

So wird es gemacht:

☺ Öl oder Butter in einer Pfanne erhitzen ➡ Tomaten dazugeben und dünsten, bis die meiste Flüssigkeit verdampft ist.

☺ Öl oder Butter in einem Topf erhitzen ➡ Fleischstücke dazugeben und goldbraun braten ➡ Zwiebeln, Petersilie, Knoblauchpaste, Garam Masala, Salz und Pfeffer untermengen und dünsten, bis die Zwiebeln glasig sind ➡ mit Wasser fast bedecken und kochen lassen, bis die Fleischstücke fast gar sind ➡ Tomatenmark, gedünstete Tomaten und Kartoffeln dazugeben, umrühren und Topf zudecken, dann bei schwacher Hitze köcheln lassen, bis alle Zutaten gar und die Soße dickflüssig ist ➡ heiß mit Reis und Salat servieren.

****

Karotten mit Fleisch Hauij ba Ghoscht

Zutaten:

250 g Karotten, waschen, schaben und in Scheiben schneiden
200 g Rind- oder Kalbfleisch, in Würfel schneiden, waschen und abtropfen lassen
75 g kleine gelbe Erbsen (Lapeh), waschen, über Nacht in Wasser einweichen, in ein Sieb geben und abtropfen lassen
2 Zwiebeln, hacken
3 Tomaten, hacken
einige Mirabellen, waschen und entkernen, oder getrocknete Pflaumen: ca. 30 Minuten in kaltem Wasser einweichen
Saft einer halben Zitrone
2 Teelöffel Zucker
1 Esslöffel Tomatenmark, in etwas Brühe auflösen
2 Knoblauchzehen, mit etwas Salz zerdrücken
Salz und Pfeffer
Öl oder Butter

So wird es gemacht:

☺ Öl oder Butter in einem Topf erhitzen ➟ Zwiebeln dazugeben und glasig dünsten ➟ Fleischstücke und Knoblauchpaste untermengen und braten, bis sie Farbe annehmen ➟ Tomaten und Mirabellen (oder Pflaumen) untermengen ➟ salzen und pfeffern ➟ dünsten, bis die Flüssigkeit fast verdampft ist ➟ das aufgelöste Tomatenmark, Zucker, Zitronensaft und gelbe Erbsen untermengen ➟ mit Wasser fast bedecken und kochen lassen, bis das Fleisch gar und die meiste Flüssigkeit verdampft ist.

☺ In Zwischenzeit Karotten 5 bis 6 Minuten in Butter dünsten, dann zum Fleisch geben und kochen lassen, bis sie gar sind. Eventuell etwas Wasser dazugeben ➟ abschmecken und heiß mit Reis und Salat servieren.

****

Sauerkirschen mit Fleisch

Alubalu ba Ghoscht

Zutaten:

200 g Sauerkirschen, waschen und entkernen
250 g Rind- oder Kalbfleisch, in Würfel schneiden, waschen und abtropfen lassen
1 bis 2 Zwiebeln, hacken
1 Knoblauchzehe, mit etwas Salz zerdrücken
1 Esslöffel Tomatenmark, mit etwas Wasser verdünnen
Zucker
Salz und Pfeffer
Öl oder Butter

So wird es gemacht:

☺ Öl oder Butter in einem Topf erhitzen ➟ Zwiebeln dazugeben und glasig dünsten ➟ Fleischstücke dazugeben und braten, bis sie Farbe annehmen ➟ fast mit Wasser bedecken, Tomatenmark, Salz und Pfeffer dazugeben und umrühren ➟ kochen lassen, bis das Fleisch gar ist ➟ Sauerkirschen untermengen und mit Zucker abschmecken ➟ köcheln lassen, bis die Soße dickflüssig wird ➟ abschmecken und heiß mit Reis servieren.

****

Tomaten mit Fleisch

Zutaten:

500 g Tomaten, Haut anritzen, mit kochendem Wasser überbrühen, Haut abziehen, halbieren, Samen entfernen und fein hacken
1 Esslöffel Tomatenmark, mit etwas Wasser verdünnen
250 bis 300 g Rind- oder Kalbfleisch, in Würfel schneiden, waschen und abtropfen lassen
3 bis 4 Zwiebeln, hacken
1 Knoblauchzehe, mit etwas Salz zerdrücken

1/2 Esslöffel Granatapfelsoße (ersatzweise Sojasoße)
1 Teelöffel Zimt
Salz, Pfeffer und Paprikapulver
Öl oder Butter

So wird es gemacht:

☺ Öl oder Butter in einem Topf erhitzen ➟ Zwiebeln dazugeben und glasig dünsten ➟ Knoblauchpaste und Fleisch untermengen und braten, bis die Fleischstücke Farbe annehmen ➟ Tomaten untermengen und solange dünsten, bis die meiste Flüssigkeit verdampft ist ➟ Salz, Pfeffer, Paprikapulver, Granatapfelsoße und das aufgelöste Tomatenmark dazugeben und gut vermengen ➟ mit Wasser fast bedecken, Topf zudecken und kurz zum Kochen bringen, dann bei mittlerer Hitze kochen, bis das Fleisch gar und die Soße dickflüssig ist ➟ heiß mit Reis und Salat servieren.

****

Geschmorte Auberginen und Zucchini

Kedu Sorgch Kardeh Badenjan

Zutaten:

1 große oder 2 mittelgroße Auberginen
250 g kleine Zucchini
3 Tomaten, Haut anritzen, mit kochendem Wasser überbrühen, Haut abziehen und fein hacken
Salz und Pfeffer
Öl

So wird es gemacht:

☺ Auberginen schälen und Stielansätze abschneiden ➟ der Länge nach in dicke Streifen oder Scheiben schneiden ➟ salzen ➟ 15 bis 20 Minuten stehen lassen, dann waschen, in ein Sieb geben und abtropfen lassen.

☺ Zucchini schälen und Stielansätze abschneiden ➟ in dicke Scheiben schneiden und salzen.

☺ Öl in einer Pfanne erhitzen ➟ Auberginen und Zucchini

dazugeben und goldbraun braten ➡ aus der Pfanne nehmen und auf einen Servierteller geben ➡ warm halten.

☺ Tomaten in die Pfanne geben und solange dünsten, bis alle Flüssigkeit verdampft ist ➡ über das Gemüse geben ➡ mit Jogurt und Fladenbrot servieren.

****

Auberginen mit Jogurt

Mast Badinjan

Zutaten:

2 große Auberginen (ca. 500 g)
2 bis 3 Zwiebeln, halbieren und in Scheiben schneiden
100 ml Jogurt
2 Esslöffel gehackte Petersilie
1 Esslöffel gehackte Pfefferminze
1 Teelöffel Zimt
Salz und Pfeffer
Öl

So wird es gemacht:

☺ Auberginen schälen und die Stielansätze abschneiden ➡ in Scheiben schneiden, salzen und 15 bis 20 Minuten stehen lassen, dann waschen, in ein Sieb geben und abtropfen lassen.

☺ Öl in einer Pfanne erhitzen ➡ Auberginenscheiben dazugeben und goldbraun dünsten ➡ aus der Pfanne nehmen, in eine Schale geben, pürieren und in einen Topf geben.

☺ 3/4 der Zwiebelscheiben in Öl goldbraun dünsten ➡ zu dem Auberginenpüree geben ➡ etwas Wasser darüber geben und bei schwacher Hitze 10 bis 15 Minuten köcheln lassen ➡ vom Herd nehmen, dann Jogurt, Petersilie, Zimt, Salz und Pfeffer dazugeben und gut vermengen ➡ in eine Schale geben und mit Zwiebeln garnieren ➡ Pfefferminze kurz in Öl dünsten, über das Gericht geben und mit Fladenbrot servieren.

Weiße Bohnen mit Fleisch

Fassulieh ba Ghoscht

Zutaten:

300 bis 350 g trockene weiße Bohnen, waschen, über Nacht in Wasser einweichen, in ein Sieb geben und abtropfen lassen
250 g Rind- oder Lammfleisch, in Würfel schneiden, waschen und abtropfen lassen
2 Zwiebeln, hacken
2 bis 3 Tomaten, hacken
2 bis 3 Knoblauchzehen, in kleine Streifen schneiden
2 Esslöffel Tomatenmark, in ca. 1 Tasse Wasser auflösen
1 lange milde Peperoni, in Ringe schneiden
1/2 Bund Petersilie, Blätter waschen und hacken
Salz
Pfeffer
Garam Masala (Gewürzmischung)
Öl oder Butter

So wird es gemacht:

☺ Die Bohnen ohne Salz ca. 30 Minuten in Wasser kochen ➡ in ein Sieb geben und abtropfen lassen ➡ zur Seite stellen.

☺ Öl oder Butter in einem Topf erhitzen ➡ Zwiebeln dazugeben und glasig dünsten ➡ Fleischstücke untermengen und von allen Seiten anbraten ➡ Tomatenmark, Tomaten und die fertig gekochten Bohnen untermengen, mit Wasser fast bedecken, umrühren, Topf zudecken und aufkochen lassen, dann bei schwacher Hitze köcheln lassen, bis das Fleisch sehr weich und die Soße dickflüssig ist ➡ mit Salz, Pfeffer und Garam Masala abschmecken ➡ heiß mit Reis oder Fladenbrot und Salat servieren.

****

Spinat mit Fleisch Sabzi Ghorme

Zutaten:

250 g Fleisch, in Würfel schneiden, waschen und abtropfen lassen
150 g Zwiebeln, hacken
250 g Tomaten, waschen und hacken
Salz, Pfeffer und Garam Masala (Gewürzmischung)

Zutaten für den Spinat:

500 g Blattspinat, waschen und abtropfen lassen
1 Knoblauchzehe, mit etwas Salz zerdrücken
1 Knoblauchzehe, hacken
150 g Zwiebeln, hacken oder in Scheiben schneiden
1 bis 2 Esslöffel Schanbaleblätter (Bockshornklee)
Salz und Pfeffer
Öl oder Butter

So wird es gemacht:

☺ Öl oder Butter in einem Topf erhitzen ➞ Zwiebeln dazugeben und glasig dünsten ➞ Fleisch untermengen und braten ➞ mit Salz, Pfeffer und Garam Masala abschmecken ➞ etwas Wasser darüber geben und bei schwacher Hitze köcheln lassen, bis das Fleisch gar ist.

☺ Öl oder Butter in einem Topf erhitzen ➞ dazugeben und glasig dünsten ➞ Knoblauchpaste untermengen und kurz dünsten ➞ Spinat, Schanbale und Knoblauchstücke untermengen und gar dünsten. Eventuell etwas Wasser dazugeben ➞ salzen und pfeffern.

☺ Fleisch und Spinat mit Reis getrennt servieren oder vorsichtig Fleisch und Soße auf dem Spinat verteilen.

❍ Die zweite Variante mit Kidneybohnen wird wie folgt zubereitet:
Zusätzliche Zutaten: 250 g Kidneybohnen, gar kochen und abtropfen lassen. 2 Esslöffel gehackte Petersilie, einige getrocknete Limetten (Garam Masala wird nicht verwendet).

Zubereitung wie oben beschrieben. Beim ersten Kochvorgang, gibt man die getrockneten Limetten dazu. Beim zweiten Kochvorgang wird die Petersilie dazugegeben, danach werden die Bohnen zum Fleisch gegeben und es wird mit Zitronensaft abgeschmeckt.

Zitronensoße
Sos Ablimo

Zutaten:

1 Tasse Zitronensaft
2 Zwiebeln, in Ringe schneiden
1 Knoblauchzehe, mit etwas Salz zerdrücken
1 Esslöffel Mehl
je 1 Prise Piment, Nelkenpulver und Zimt
Salz
Pfeffer
Öl oder Butter

So wird es gemacht:

☺ Öl oder Butter in einem kleinen Topf erhitzen ➟ Zwiebeln dazugeben und glasig dünsten ➟ Knoblauchpaste untermengen und kurz dünsten ➟ Zitronensaft dazugeben und umrühren ➟ mit Gewürzen, Salz und Pfeffer abschmecken ➟ Mehl darüber geben und auflösen, umrühren und ca. 15 Minuten bei schwacher Hitze köcheln lassen, bis eine dicke Soße entstanden ist.

****

Tomatensoße
Sos Koja Franki

Zutaten:

400 bis 500 g Tomaten, Haut anritzen, mit kochendem Wasser überbrühen, Haut abziehen und halbieren, dann Samen entfernen und vierteln
ca. 125 ml Wasser
1 Tasse Fleischbrühe
1/2 Knoblauchzehe, mit etwas Salz zerdrücken
1 Esslöffel Mehl
Salz
Pfeffer
Öl oder Butter

So wird es gemacht:

☺ Tomaten und Wasser in einen Topf geben ➟ salzen und pfeffern ➟ kurz aufkochen lassen, dann bei schwacher Hitze ca. 30 Minuten köcheln lassen. Ab und zu umrühren. Falls die Flüssigkeit verdampft ist, etwas Wasser dazugeben.

☺ Öl oder Butter in einer Pfanne erhitzen ➟ Knoblauchpaste dazugeben und kurz dünsten ➟ Mehl darüber streuen und mitbraten ➟ Brühe dazugeben und umrühren, dann zu den Tomaten geben, gut vermengen und ca. 10 Minuten köcheln lassen.

✻✻✻✻✻✻✻✻✻✻

Geflügelgerichte

Gefüllte Pute Bogalmon Schkam Pir

Zutaten:

1 Pute, waschen und abtropfen lassen, innere und äußere Seite mit Zitronensaft einreiben
500 g Beefsteak, Lamm oder Kalbshack
250 g verschiedene Nussarten (Pinienkerne, Pistazien, Haselnüsse und Mandeln)
350 g Langkornreis, waschen und abtropfen lassen
50 g Rosinen ohne Kerne
Zitronensaft
2 Teelöffel Zimt
Salz, Pfeffer und Paprikapulver
Öl und Butter

So wird es gemacht:

☺ Füllung anfertigen:
Öl oder Butter in einer Pfanne erhitzen ➟ Hackfleisch dazugeben und braten, bis es Farbe annimmt ➟ Nüsse untermengen und 2 bis 3 Minuten braten ➟ Rosinen und Reis dazugeben, gut vermengen und einige Minuten braten ➟ mit Salz, Pfeffer, Paprikapulver und Zimt abschmecken und beiseite stellen.

☺ Pute so füllen, dass die Füllung die Pute beim Kochen nicht platzen lässt, und mit Nadel und Faden zunähen.

☺ Butter in einer großen und tiefen Pfanne zerlassen ➟ die gefüllte Pute darin von allen Seiten braun braten ➟ Wasser darüber geben, bis die Pute darin schwimmt ➟ salzen und pfeffern ➟ Pfanne zudecken und kurz zum Kochen bringen, dann bei schwacher Hitze köcheln lassen, bis die Pute gar ist (ca. 2 bis 2½ Stunden).

☺ Pute vorsichtig aus der Pfanne nehmen ➟ Füllung auf

Servierteller geben ➟ Pute zerlegen, auf die Füllung geben (Knochen entfernen) und heiß servieren.

Andere Variante

☺ Backofen auf 200°C vorheizen.

☺ Öl oder Butter in einer Auflaufform erhitzen ➟ Pute darin von allen Seiten braten ➟ Wasser darüber gießen, salzen und pfeffern ➟ in den vorgeheizten Backofen schieben, nach einer 1/2 Stunde herausnehmen und Wasser abgießen ➟ die Pute mit Öl oder Butter bestreichen und in Backofen geben, bis die Pute gar ist (**Kochzeit:** 500 g Pute benötigen ca. 25 Minuten) ➟ Pute vorsichtig auf einen Servierteller geben, Fäden herausnehmen und heiß servieren.

****

Geflügelauflauf Khorescht Faissingan

Zutaten:

1 Huhn, waschen und abtropfen lassen
1 Zwiebel, hacken
ca. 300 g geriebene Walnüsse
Salz
Granatapfelsaft oder- Sirup
Saft einer Zitrone
Öl oder Butter

So wird es gemacht:

☺ Huhn in Salzwasser gar kochen ➟ aus dem Topf nehmen, abtropfen lassen und zerlegen ➟ Brühe durch ein Sieb geben und aufbewahren.

☺ Öl oder Butter in einem Topf erhitzen ➟ Zwiebeln dazugeben und glasig dünsten ➟ unter ständigem Rühren geriebene Nüsse dazugeben und kurz mitbraten ➟ 1/2 Liter Brühe dazugeben und umrühren ➟ Hühnerteile in die Brühe geben ➟ 2 bis 3 Esslöffel Granatapfelsaft und Saft einer Zitrone dazugeben und umrühren ➟ Topf zudecken, kurz aufkochen lassen, dann bei schwacher Hitze ca. 30 Minuten garen ➟ heiß mit Reis servieren.

Vermerk:
Man kann auch Ente statt Huhn verwenden.

❄❄❄❄❄❄❄❄❄❄❄

Gegrillte Hähnchenteile

Kabab Mourgh

Zutaten:

1 Hähnchen, in Teile zerlegen, waschen und abtropfen lassen
2 Esslöffel Jogurt
1 bis 2 Zwiebeln, reiben und in eine Schüssel geben
Zitronensaft
1 bis 2 Safranfäden, mit etwas Zucker und 2 Esslöffel warmem Wasser auflösen
Salz

So wird es gemacht:

☺ Jogurt, Salz und den aufgelösten Safran zu den Zwiebeln geben und miteinander verrühren ➡ Hähnchenteile in der Marinade wälzen, mit Zitronensaft beträufeln und 5 bis 6 Stunden in den Kühlschrank stellen. Zwischendurch wenden.
☺ Grill mit Holzkohle vorheizen (Holzkohle darf nicht mehr rauchen) ➡ das eingelegte Fleisch kurz abtropfen lassen ➡ auf Spieße stecken oder auf einen Grillrost legen und braten ➡ ab und zu mit Marinade oder Butter bestreichen ➡ heiß mit Reis oder Fladenbrot und Salat servieren.

❄❄❄❄❄❄❄❄❄❄❄

Gebratene Hähnchen

Morgh jarch Kardeh

Zutaten:

1 Hähnchen, in Teile zerlegen, waschen und abtropfen lassen
3 Esslöffel Jogurt
1/4 Teelöffel Pfeffer
1 Esslöffel Zitronensaft
1 Teelöffel Currypulver
1 Teelöffel Korianderpulver oder getrockneter Koriander
1 Teelöffel Paprikapulver
1/2 Bund Petersilie, Blätter waschen
Salz
Öl zum Braten

So wird es gemacht:

☺ Salz, Pfeffer, Currypulver und Paprikapulver in eine Schüssel geben und mischen ➟ Hähnchenteile darin wenden ➟ Jogurt und Zitronensaft verrühren und über die Hähnchenteile geben und wenden ➟ Koriander drüber streuen ➟ Schüssel zudecken und 1 Stunde stehen lassen. Zwischendurch wenden.

☺ Öl in einer Pfanne erhitzen ➟ Hähnchenteile aus der Marinade nehmen, abtropfen lassen und 10 bis 15 Minuten bei mittlerer Hitze braten ➟ auf eine Platte geben, mit Petersilie garnieren und mit Reis servieren.

❄❄❄❄❄❄❄❄❄❄

Hähnchen gefüllt mit trockenen Früchten Mourgh Schakam Par

Zutaten:

1 Hähnchen ca. 2 kg, waschen und abtropfen lassen
1 Zwiebel, hacken
Salz und Pfeffer
Öl oder Butter
1 Teelöffel Zimt
50 g Rosinen ohne Kerne
200 g getrocknete Aprikosen, ca. 1 Stunde in Wasser einweichen, durch ein Sieb geben, abtropfen lassen und hacken
200 g getrocknete Pflaumen, ca. 1 Stunde in Wasser einweichen, durch ein Sieb geben, abtropfen lassen und hacken
1 bis 2 Äpfel, schälen, halbieren, Kerne und Kerngehäuse entfernen und klein hacken

So wird es gemacht:

☺ Backofen auf 200°C vorheizen.

☺ Füllung vorbereiten:
Öl oder Butter in einer Pfanne erhitzen ➟ Zwiebeln dazugeben und glasig dünsten ➟ Früchte dazugeben und einige Minuten braten ➟ mit Salz, Pfeffer und Zimt abschmecken, vom Herd nehmen und abkühlen lassen.

☺ Hähnchen von innen und außen mit Salz bestreuen und einreiben ➟ Füllung in das Hähnchen geben und mit Nadel und Faden zunähen.

☺ Butter in einer Auflaufform zerlassen ➟ gefülltes Hähnchen hineinlegen, in den Backofen schieben und ca. 1½ Stunden garen (500 g Hähnchenfleisch benötigen ca. 20 Minuten Garzeit) ➟ Hähnchen aus dem Ofen nehmen, Fäden entfernen und Füllung auf einen Servierteller geben, Hähnchen zerlegen und darauf verteilen ➟ heiß mit Reis servieren.

Fischgerichte

Fisch in Soße

Mahi ba Sos

Zutaten:

1 kg Fisch, säubern, in Stücke schneiden, waschen und abtropfen lassen
Öl zum Frittieren
2 bis 3 Tomaten, in Scheiben schneiden
2 Zwiebeln, hacken
1/2 Bund Petersilie, Blätter waschen und hacken
150 g Haselnüsse, hacken
Salz
Pfeffer
Piment

So wird es gemacht:

☺ Backofen auf 200°C vorheizen.
☺ Öl in einer Pfanne erhitzen ➡ Fischstücke dazugeben und Frittieren ➡ aus der Pfanne nehmen und beiseite stellen.
☺ In einer Auflaufform die Zwiebeln in Öl glasig dünsten ➡ Tomaten untermengen und dünsten, bis sie weich sind ➡ Haselnüsse dazugeben, gut vermengen und noch einige Minuten braten ➡ mit Wasser bedecken ➡ Petersilie, Salz, Pfeffer und Piment dazugeben und umrühren ➡ Fischstücke vorsichtig hineingeben und ca. 20 Minuten im Backofen garen ➡ heiß mit Fladenbrot oder Reis servieren.

****

Gerösteter Fisch - Mahi Karden

Zutaten:

1 kg Fische (verschiedene Sorten), waschen und abtropfen lassen
1 Glas Öl
4 Knoblauchzehen, mit etwas Salz zerdrücken
Gewürze: Salz, Pfeffer, Piment, Rosmarin, Garam Masala (Gewürzmischung), Majoran, Basilikum, Oregano, getrocknete Petersilie und Koriander

So wird es gemacht:

☺ Gewürze in eine Schüssel geben und mit Öl zu Marinade vermengen ➟ Knoblauchpaste dazugeben und gut vermengen ➟ Fische in die Marinade tauchen und darin wälzen.
☺ Inzwischen den Grill vorbereiten.
☺ Fische auf den Grillrost legen (er darf nicht so nah am Feuer sein, sonst trocknen die Fische schnell aus) und von beiden Seiten grillen ➟ ab und zu mit Marinade bestreichen ➟ mit Reis, Salat und Fladenbrot servieren.

✳✳✳✳✳✳✳✳✳✳✳

Variante 2

Zutaten:

1 kg verschieden Fischsorten, waschen und abtropfen lassen
50 g Tomatenmark, in 1/4 Liter Wasser auflösen
Salz, Pfeffer, Currypulver und Paprikapulver
1 Zwiebel, halbieren und in Scheiben schneiden
3 Knoblauchzehen, klein hacken
2 Tomaten, fein hacken
1 bis 2 grüne Paprikaschoten, Stielansätze entfernen, halbieren, Samen entfernen und hacken
Öl

So wird es gemacht:

☺ Backofen auf 200°C vorheizen.

☺ Tomatenmark und Gewürze in eine Auflaufform geben und verrühren ➟ Fische dazugeben und darin wälzen ➟ Auflaufform in den Backofen schieben und ca. 30 Minuten garen.

☺ In der Zwischenzeit Öl in einer Pfanne erhitzen ➟ Zwiebeln dazugeben und glasig dünsten ➟ Knoblauch, Tomaten und Paprikaschoten dazugeben und weich dünsten ➟ Auflaufform aus dem Ofen nehmen und die gedünsteten Zutaten über die Fische geben ➟ Auflaufform in Backofen schieben und 10 bis 15 Minuten garen ➟ heiß mit Reis, Salat und Fladenbrot servieren.

****

Gefüllter Fisch in Folie Dolmah Mahi

Zutaten:

1 großer Fisch (z.B. Makrele, Barsch...), säubern, waschen, auf beiden Seiten mehrmals einschneiden, von innen und außen mit Salz, Pfeffer und Paprikapulver einreiben
1 Zwiebel, in Scheiben schneiden
1 Tomate, Haut anritzen, mit kochendem Wasser überbrühen, Haut abziehen und hacken
1 Paprikaschote, Stielansatz entfernen, halbieren, Samen entfernen und in Streifen schneiden
1/2 Bund Petersilie, Blätter waschen und hacken
Salz, Pfeffer und Paprikapulver
Öl
Alufolie

So wird es gemacht:

☺ Backofen auf 180°C vorheizen.

☺ Etwas Öl auf der Alufolie verteilen ➟ den Fisch darauf legen ➟ Tomaten, Paprikaschoten, Zwiebeln und Petersilie den mit Gewürzen mischen und den Fisch damit füllen, den

Rest darauf verteilen ➡ etwas Öl darauf träufeln ➡ Alufolie locker und sorgfältig um den Fisch verschließen und 40 bis 45 Minuten im Backofen garen.

Andere Füllungsarten

Füllung 1:

1 Zwiebel, klein hacken
2 Knoblauchzehen und 2 Teelöffel getrockneter Koriander mit etwas Salz zerdrücken
1/2 Bund Petersilie, Blätter waschen und hacken
Salz, Pfeffer und Paprikapulver
Öl

☺ Alle Zutaten gut vermengen.

Füllung 2:

1 Zwiebel, klein hacken
1 Zwiebel, in Scheiben schneiden
1 Tomate, Haut abziehen und hacken
1 Peperoni, Stielansatz und Samen entfernen und in Ringe schneiden
2 Esslöffel gehackte Petersilie
2 Lorbeerblätter
2 Esslöffel Öl
Salz und Pfeffer

☺ Alle Zutaten gut vermengen.

Füllung 3:

1/2 Tasse Öl
2 Zwiebeln, hacken
3 Esslöffel Pinienkerne
3 Esslöffel gehackte Petersilie
1 Teelöffel getrockneter Koriander
2 Esslöffel Dill
1/2 Teelöffel Pfeffer
1/2 Teelöffel Paprikapulver
1 Tasse frische Weißbrotkrümmel
Salz

☺ Alle Zutaten gut vermengen.

✳✳✳✳✳✳✳✳✳✳

Gebackene Sardinen Pagchteh Schadeh Sardin

Zutaten:

1 kg kleine Sardinen, säubern, waschen und abtropfen lassen
4 bis 5 Knoblauchzehen, mit etwas Salz zerdrücken
100 g Butter
75 ml Öl
Saft einer 1/2 Zitrone
4 Esslöffel gehackte Petersilie
1 Esslöffel frischer Koriander oder 1 Teelöffel getrockneter Koriander
Salz, Pfeffer und Paprikapulver

So wird es gemacht:

☺ Backofen auf 200°C vorheizen.
☺ Öl, Zitronensaft, Koriander, Petersilie, Salz, Pfeffer und Paprikapulver in eine Schüssel geben und gut vermengen.
☺ Eine große Backform mit Butter einfetten ➟ Fische hineinlegen und Gewürzmischung darauf geben, dann die Fische darin wälzen ➟ Backform in den Backofen schieben und 15 bis 20 Minuten backen ➟ heiß mit Fladenbrot servieren.

****

Fischspieß Mahi Kabab

Zutaten:

1 kg Fisch mit festem Fleisch, säubern, in Stücke schneiden, waschen und abtropfen lassen
1/8 Liter Jogurt
1 Zwiebel, hacken
3 Knoblauchzehen, mit etwas Salz zerdrücken
2 Esslöffel gehackte Petersilie
je 1/2 Teelöffel Kümmel, Piment, Ingwerpulver, Currypulver und Paprikapulver
1 Teelöffel Garam Masala (Gewürzmischung)
Salz
Öl oder Butter

So wird es gemacht:

☺ Jogurt, Knoblauchpaste, Petersilie, Zwiebeln und Gewürze in eine Schüssel geben und gut vermengen ➠ Fischstücke in die Marinade tauchen, Schüssel zudecken und 3 bis 4 Stunden stehen lassen, dann aus der Marinade nehmen, abtropfen lassen und auf Spieße stecken.

☺ Grill mit Holzkohle füllen und zum Grillen vorbereiten (Holzkohle darf nicht mehr rauchen) ➠ Fischspieße grillen, ab und zu mit Marinade, Öl oder zerlassener Butter besteichen ➠ heiß mit Fladenbrot und Salat servieren.

✳✳✳✳✳✳✳✳✳✳

Fischfrikadellen Mahi Kofteh

Zutaten:

1 kg Fischfilets, waschen und abtropfen lassen
1 große Zwiebel, hacken
1 große Zwiebel, halbieren und in Scheiben schneiden
1 Knoblauchzehe, mit etwas Salz zerdrücken
1 Ei, aufschlagen, in eine Schale geben und verrühren
etwas Mehl
2 Tomaten, halbieren, Samen entfernen und hacken
1 Esslöffel Tomatenmark
200 g Butter
1 Esslöffel gehackte Petersilie
1 Esslöffel Semmelbrösel
1 Teelöffel Kurkuma
1 Teelöffel Kümmelpulver
1/2 Teelöffel getrockneter Koriander
1/2 Teelöffel Piment
1/2 Teelöffel Ingwerpulver
1/2 Teelöffel Currypulver
Salz
Öl oder Butter

So wird es gemacht:

☺ Fischfilets in einen Topf geben, salzen, mit Wasser bedecken und gar kochen ➟ Fischfilets aus dem Wasser nehmen und in eine Schüssel geben ➟ Fischsud durch ein Sieb geben und beiseite stellen.

☺ Petersilie, Semmelbrösel, etwas Mehl und Ei zum Fisch geben und zu einem Teig verarbeiten, dann zu kleinen Bällchen formen (ca. 3 bis 4 cm Durchmesser) ➟ Butter in einer Pfanne zerlassen, die Fischbällchen dazugeben und goldbraun braten ➟ aus der Pfanne nehmen und warm halten.

☺ Gehackte Zwiebeln und Knoblauch in einen Mixaufsatz geben und zu einer Paste mixen ➟ Gewürze dazugeben und kurz mixen.

☺ Etwas Öl oder Butter in einem Topf erhitzen ➟ Zwiebelscheiben dazugeben und goldbraun dünsten ➟ Tomaten untermengen und unter ständigem Rühren dünsten, bis die meiste Flüssigkeit verdampft ist ➟ Zwiebel-Knoblauchpaste und Tomatenmark untermengen ➟ Fischsud dazugeben, umrühren und zum Kochen bringen, dann bei schwacher Hitze köcheln lassen ➟ Fischbällchen in die Soße geben und eventuell heißes Wasser darüber geben, bis der Wasserspiegel ca. 1 cm über den Bällchen steht ➟ Topf zudecken und ca. 10 bis 12 Minuten köcheln lassen ➟ heiß mit Reis und Salat servieren.

✳✳✳✳✳✳✳✳✳✳

Gebackener Fisch Mahi Azad

Zutaten:

1 kg Fische, säubern, trocknen, salzen und pfeffern
1 Orange oder Pomeranze
Salz und Pfeffer
Öl

So wird es gemacht:

☺ Öl in einer Pfanne erhitzen ➟ Fische dazugeben und von beiden Seiten braten, auf einen Servierteller geben, mit Orangen,- oder Pomeranzenscheiben garnieren und mit Fladenbrot servieren.

****

Gekochter Fisch Mahi Azad ab Piz

Zutaten:

1 bis 1,5 kg große Fische, säubern und waschen
1 Zwiebel, vierteln
1/2 Bund Petersilie, Blätter waschen und hacken
1 bis 2 Pomeranzen, Orangen oder Zitronen, in Scheiben schneiden
Salz
Pfeffer

So wird es gemacht:

☺ Fische salzen und pfeffern ➟ in einen Topf geben und mit Wasser bedecken ➟ Zwiebeln dazugeben und langsam erhitzen (nicht kochen) ➟ Topf zudecken und solange ziehen lassen, bis die Fische gar sind ➟ Fische vorsichtig aus dem Sud nehmen und auf einen Servierteller geben ➟ mit Pomeranzenscheiben garnieren, Petersilie darüber streuen und heiß mit Fladenbrot servieren.

****

Fischeintopf

Mahi Azad Botur Tas Kabab

Zutaten:

1 kg Fischfilets, waschen, in Stücke schneiden, waschen und abtropfen lassen
150 g Zwiebeln, in Scheiben schneiden
250 g Tomaten, waschen und in Scheiben schneiden
1 Bund Petersilie, Blätter waschen und hacken
1 bis 3 Knoblauchzehen, fein hacken
Salz
Pfeffer
Öl oder Butter

So wird es gemacht:

☺ Öl oder Butter in einem Topf erhitzen ➟ Zwiebeln dazugeben und goldbraun dünsten, aus dem Topf nehmen und warm halten.

☺ In demselben Topf den Boden mit einigen Tomatenscheiben, etwas Knoblauch und Petersilie bedecken, dann eine Schicht Fischstücke darauf geben, darauf eine Schicht Tomatenscheiben, Knoblauch und Petersilie und wieder Fischstücke. Diesen Vorgang wiederholen, bis alle Zutaten verbraucht sind ➟ Salz und Pfeffer darüber streuen ➟ ca. 200 ml Wasser darüber gießen und Topf zudecken, kurz erhitzen und bei schwacher Hitze ca. 30 Minuten köcheln lassen, bis alle Zutaten gar sind und die Soße dick wird. Eventuell etwas Wasser nachgießen, damit nichts am Topfboden kleben bleibt.

✳✳✳✳✳✳✳✳✳✳

Fleischgerichte

Lammfleisch mit Äpfeln und Sauerkirschen

Khoresch Goscht ba Sib e Alubalu

Zutaten:

1 kg Lammfleisch, in Würfel schneiden, waschen und abtropfen lassen
100 g kleine gelbe Erbsen (Lapeh), waschen und über Nacht in Wasser einweichen, in ein Sieb geben und abtropfen lassen
500 g Sauerkirschen, waschen und entkernen
1 Apfel, halbieren, Kerne und Kerngehäuse entfernen, schälen und hacken
Eventuell 1 getrocknete Limetten
Salz
Pfeffer
Öl oder Butter

So wird es gemacht:

☺ Öl in einem Topf erhitzen ➟ Fleischstücke dazugeben und braten, bis sie Farbe annehmen ➟ gelbe Erbsen, Salz und Pfeffer dazugeben und umrühren ➟ mit Wasser bedecken und gar kochen ➟ Sauerkirschen, Limetten und Äpfel dazugeben, umrühren und bei schwacher Hitze ca. 30 Minuten köcheln lassen. Eventuell Wasser darüber geben ➟ heiß mit Reis servieren.

****

Spießfleisch Kabab

Zutaten:

1 kg Fleisch, Sorte nach Belieben
!! Wichtig ist, dass fettarme und fettreiche Fleischsorten kombiniert werden, damit alles am Spieß Gebratene saftig bleibt !!

So wird es gemacht:

☺ Fleisch in große Stücke schneiden, waschen und abtropfen lassen ➠ in Marinade einlegen.

Marinade

A

2 Zwiebeln, hacken oder reiben
2 Lorbeerblätter, klein schneiden
Saft einer Zitrone
1/8 Liter Öl
1 Esslöffel Tomatenmark, mit etwas Wasser verdünnen
je 2 Teelöffel getrockneter Oregano, Thymian und Majoran
Salz und Pfeffer

B

2 Zwiebeln, hacken oder reiben
1/8 Liter Öl
1 Teelöffel Zimt
Salz und Pfeffer

C

1 Zwiebel, fein hacken
1/8 Liter Öl
Salz und Pfeffer

☺ Alle Zutaten für die Marinade in eine große Schüssel geben und miteinander verrühren ➠ die Fleischstücke hineingeben und gut vermengen ➠ mindestens 3 Stunden ziehen lassen.

☺ Fleischstücke auf Spieße stecken und einzeln auf ein Holzbrett legen ➠ mit einem großen Messer die Fleischstücke klopfen (mit der scharfen Seite), zwischendurch mit Marinade bestreichen, dann umdrehen und weiterbearbeiten ➟ über einem Grill braten (vor dem Grillen, Holzkohle darf nicht mehr rauchen), ab und zu mit Marinade bestreichen ➟ heiß mit Reis servieren.

****

Fleischklößchen mit Spinat und Kichererbsen

Kofta ba Sabzi

Zutaten:

500 g Lamm-, Rind- oder Kalbshack
1 Zwiebel, fein hacken
100 g Kichererbsen, waschen und über Nacht in Wasser einweichen
500 g Blattspinat, waschen und abtropfen lassen
1 bis 2 Knoblauchzehen, mit etwas Salz zerdrücken
1 Teelöffel getrockneter Koriander
Salz
Pfeffer
Öl oder Butter

So wird es gemacht:

☺ Hackfleisch mehrmals durch den Fleischwolf drehen und in eine Schale geben ➟ Zwiebeln, Salz und Pfeffer dazugeben und mit beiden Händen zu einem Teig kneten ➟ den Fleischteig zu kleinen Bällchen formen ➟ Öl oder Butter in einer Pfanne erhitzen und die Fleischbällchen darin braten, bis sie braun und knusprig sind.

☺ In der Zwischenzeit die Kichererbsen gar kochen.

☺ 1 bis 2 Esslöffel Butter in einem Topf zerlassen ➟ Spinat dazugeben und im eigenen Saft dünsten ➟ Koriander, Kichererbsen und Fleischbällchen untermengen, Topf zudecken und bei schwacher Hitze ca. 30 Minuten köcheln lassen. Eventuell etwas Wasser dazugeben und umrühren ➟ heiß mit Reis servieren.

****

Persische Frikadellen mit Kartoffelpüree

Zutaten:

250 g Rinderhackfleisch
250 g Kartoffeln, schälen, kochen in ein Sieb geben und abtropfen lassen
1 Zwiebel, reiben
1 Ei, aufschlagen, in eine Schale geben und verrühren
1 Teelöffel Zimt
1/2 Teelöffel Garam Masala (Gewürzmischung)
Salz und Pfeffer
Öl

So wird es gemacht:

☺ Gekochte Kartoffeln in eine Schale geben und pürieren ➟ Hackfleisch, Ei, geriebene Zwiebeln, Zimt, Garam Masala, Salz und Pfeffer dazugeben und mit beiden Händen zu einem Teig verkneten ➟ Teig zu flachen oder länglichen Frikadellen formen.

☺ Öl in einer Pfanne erhitzen ➟ Frikadellen dazugeben und knusprig braten ➟ heiß mit Brot servieren.

****

Persische Frikadellen auf syrische Art

Zutaten:

250 g Rinderhackfleisch
100 g gelbes Erbsenmehl
1 Zwiebel, reiben
1 Ei, aufschlagen, in eine Schale geben und verrühren
1 Teelöffel Zimt
1/2 Teelöffel Garam Masala (Gewürzmischung)
Salz
Pfeffer
Öl

So wird es gemacht:

☺ Hackfleisch, Zwiebeln, Ei, Zimt, Garam Masala Erbsenmehl, Salz und Pfeffer in eine Schüssel geben ➟ alle Zutaten mit beiden Händen verkneten ➟ nach und nach etwas kaltes Wasser dazugeben und solange kneten, bis der Teig zu einer geschmeidiger Masse wird ➟ zu flachen oder länglichen Frikadellen formen und in Öl knusprig braten ➟ heiß mit Brot servieren.

****

Frikadellenspieß Kabab Tageh

Zutaten:

1 kg Hackfleisch
1 bis 2 Eier, aufschlagen, in eine Schale geben und verrühren
1/2 Bund Petersilie, Blätter waschen und hacken
1 Safranfaden, mit 1 Esslöffel warmem Wasser auflösen
etwas Mehl
Salz, Pfeffer und Piment

So wird es gemacht:

☺ Hackfleisch, Safranwasser, Eier, Zwiebeln, Petersilie, Salz, Pfeffer, Piment und etwas Mehl in eine Schüssel geben und mit beiden Händen kneten ➟ 1 bis 2 mal durch den Fleischwolf drehen ➟ eine Handvoll Fleischteig nehmen und um einen geölten Spieß zu einer länglichen Wurst drücken ➟ auf den vorgeheizten Grill legen und von allen Seiten braun braten ➟ heiß mit Brot oder Reis mit Eigelb und Sumak servieren.

Serviervorschlag: Reis auf Tellern servieren, in die Mitte mit dem Löffel eine kleine Mulde drücken ➟ ein Eigelb hineingeben, mit Sumak (Gewürz) bestreuen, dazu Frikadellenspieße servieren. Zum trinken eignet sich kaltes Dugh „Knoblauch-Jogurt-Getränk“

****

Frikadellen mit Kräutern
Kofte Sabzi

Zutaten:

250 g Hackfleisch
1/2 Tasse Reis, waschen und abtropfen lassen
150 g kleine gelbe Erbsen (Lapeh), waschen, über Nacht in Wasser einweichen, in ein Sieb geben und abtropfen lassen
einige Walnusshälften (8 bis 9 Stück)
1 Zwiebel, hacken
1 Tomate, Haut anritzen, mit kochendem Wasser überbrühen, Haut abziehen und hacken
1 Esslöffel Tomatenmark
2 Safranfäden, in 3 Esslöffel warmem Wasser auflösen
350 bis 400 g frische Kräuter: z.B. Dillspitzen, Schnittlauch, Petersilie, Bohnenkraut usw..., klein hacken
Salz und Pfeffer
Öl oder Butter

So wird es gemacht:

☺ Kleine gelbe Erbsen in reichlich Wasser gar kochen und pürieren.

☺ 1/2 Tasse Reis, etwas Salz und 1 Tasse Wasser in einen Topf geben ➡ Topf zudecken und kurz zum Kochen bringen, dann bei schwacher Hitze köcheln lassen, bis der Reis gar und trocken ist ➡ Topf vom Herd nehmen und abkühlen lassen.

☺ Hackfleisch 1-2mal durch den Fleischwolf drehen und in eine Schale geben ➡ Erbsenpüree, Reis, Kräuter, 1 Esslöffel Safranwasser, Salz und Pfeffer dazugeben und mit beiden Händen kneten ➡ Teig in 8 bis 9 Teile teilen ➡ in die Mitte jeden Teils eine Walnusshälfte legen und zu Klößen formen ➡ Öl oder Butter in einem Topf erhitzen ➡ Zwiebeln dazugeben und glasig dünsten ➡ Tomaten untermengen und kurz dünsten ➡ Tomatenmark in 1 Tasse heißem Wasser auflösen, das restliche Safranwasser darüber gießen und verrühren ➟ Fleischklöße in die Soße geben und Wasser nachfüllen, bis die Klöße knapp bedeckt sind, abschmecken und gar kochen ➟ heiß mit Brot servieren.

****

Fleischeintopf Tas Kabab

Zutaten:

250 g Fleisch, in kleine Streifen schneiden, waschen, abtropfen lassen, salzen und pfeffern
1 Aubergine, schälen in Scheiben schneiden, salzen und ca. 20 Minuten stehen lassen, dann waschen und abtropfen lassen
2 Zucchini, schälen und in Scheiben schneiden
150 g Kartoffeln, schälen, waschen, in Scheiben schneiden und salzen
1/2 Bund Petersilie, Blätter waschen und hacken
200 g Tomaten, waschen und hacken
1 Esslöffel Tomatenmark
3 Zwiebeln, hacken
Zimt und Sumak (Gewürz), Menge nach Belieben
Salz und Pfeffer
Butter und/oder Öl

So wird es gemacht:

☺ Öl oder Butter in einem Topf erhitzen ➟ Fleischstreifen dazugeben und goldbraun braten ➟ mit Wasser bedecken und kochen lassen, bis sie weich sind ➟ aus dem Sud nehmen und beiseite stellen.

☺ Öl oder Butter in einer Pfanne erhitzen ➟ Auberginen- und Zucchinischeiben dazugeben und von beiden Seiten braten, bis sie Farbe annehmen ➟ aus der Pfanne nehmen und beiseite stellen ➟ in derselben Pfanne Kartoffelscheiben braten, aus der Pfanne nehmen und beiseite stellen.

☺ Tomaten kurz in Öl oder Butter dünsten ➟ Tomatenmark mit etwas Brühe verdünnen und dazugeben ➟ Petersilie dazugeben und umrühren ➟ Pfanne vom Herd nehmen und beiseite stellen.

☺ Butter in einem Topf zerlassen ➟ Zwiebeln dazugeben, glasig dünsten und Topf vom Herd nehmen ➟ Fleischstücke auf die Zwiebeln geben ➟ alle anderen Zutaten darauf schichten (jede Schicht für sich) ➟ mit Salz, Pfeffer und Gewürzen bestreuen ➟ 1 Tasse Brühe oder Wasser darüber gießen Topf zudecken und auf den Herd stellen, kurz bei mittlerer Hitze kochen, dann bei schwacher Hitze 20 bis 30 Minuten garen. Falls nötig, Wasser oder Brühe darüber geben **!!Nicht umrühren!!** ➟ heiß mit Reis oder Fladenbrot und Salat servieren.

****

Frikadellen in süß-saurer Soße

Hodu Kebab

Zutaten:

250 g Lammfleisch, in Würfel schneiden, waschen und abtropfen lassen
2 Zwiebeln, fein hacken
100 g kleine gelbe Erbsen (lapeh), ersatzweise Linsen. Erbsen waschen und über Nacht in Wasser einweichen
100 ml Essig
Saft von 2 Zitronen
1/2 Tasse Zucker
1 Safranfaden, in 2 Esslöffel warmem Wasser auflösen
3 hart gekochte Eier, zerkleinern
1 Ei, aufschlagen, in eine Schale geben und verrühren
je 2 Esslöffel Mandelsplitter und Pistazien
1 Esslöffel Rosinen ohne Kerne, fein hacken
7 bis 8 Mirabellen, waschen und entsteinen, ersatzweise Pflaumen, fein hacken
je 1/2 Teelöffel Nelkenpulver, Zimt und Kardamompulver
Öl oder Butter
Salz

So wird es gemacht:

☺ Öl oder Butter in einem Topf erhitzen ➟ Fleischstücke dazugeben und anbraten ➟ Erbsen, Salz und Gewürze untermengen, ca. 1 Tasse Wasser dazugeben und ca. 1 Stunde garen ➟ Topfinhalt durch ein Sieb geben und Brühe aufbewahren ➟ Fleischstücke und Erbsen mehrmals durch den Fleischwolf drehen und in eine Schüssel geben.

☺ Gekochte Eier, Mirabellen, Rosinen, Nüsse, rohes Ei, Zwiebeln und Salz zur Fleischpaste geben und mit beiden Händen kneten ➟ Fleischteig zu kleinen Bällchen formen ➟ Öl oder Butter in einer Pfanne erhitzen und Bällchen braun braten, aus der Pfanne nehmen und warm halten.

☺ Wasser zur Brühe geben, bis die Flüssigkeit ca. 1/2 Liter ausmacht und in einen Topf geben ➟ Essig, Zitronensaft, Zucker und Safranwasser dazugeben und umrühren ➟ abschmecken ➟ Fleischbällchen dazugeben, kurz zum Kochen bringen, dann bei schwacher Hitze köcheln lassen, bis die meiste Flüssigkeit verdampft ist ➟ heiß mit Reis servieren.

****

Gefüllte Äpfel Dolmeh Sib

Zutaten:

6 bis 7 große Äpfel

Füllung:

25 g kleine gelbe Erbsen (Lapeh), waschen und über Nacht in kaltem Wasser einweichen
1 Zwiebel, fein hacken
250 g Rinderhackfleisch
1/2 Teelöffel Zimt
Salz und Pfeffer
Öl oder Butter

Soße:

ca. 1/8 Liter Wasser
4 Esslöffel Weinessig
1 Esslöffel Zucker

So wird es gemacht:

☺ **Soße vorbereiten:** Zucker in Wasser und Essig auflösen.
☺ **Füllung vorbereiten:** Öl oder Butter in einer Pfanne erhitzen ➠ Zwiebeln dazugeben und glasig dünsten, dann mit Salz, Pfeffer und Zimt abschmecken ➠ Pfanne vom Herd nehmen, Erbsen untermengen und beiseite stellen.
☺ Backofen auf 180°C vorheizen.
☺ Äpfel waschen ➠ rund um die Stiele einen Deckel ausschneiden, dann mit Hilfe eines Messers oder Löffels vorsichtig aushöhlen (Wanddicke muss 1 bis 1,5 cm sein) ➠ Teil des Apfelfleisches hacken und aufbewahren.
☺ Die Äpfel mit der vorbereiteten Füllung füllen ➠ Öffnungen mit gehacktem Apfelfruchtfleisch füllen ➠ Mit der Öffnung nach oben in eine Auflaufform legen ➠ ca. 1/4 Liter Wasser dazugeben ➠ Butterflocken auf die Äpfel geben und im vorgeheizten Backofen ca. 30 Minuten backen (die Äpfel dürfen nicht zerfallen) ➠ Auflaufform aus dem Ofen nehmen, Zucker-Essigsoße darüber gießen und wieder in den Backofen, weitere 8 bis 10 Minuten backen ➠ heiß servieren.

****

Lammkeule Bascht Maghez

Zutaten:

1 Lammkeule (ca. 2 kg), waschen und abtrocknen
4 bis 5 Knoblauchzehen, in Scheiben schneiden
Salz, Pfeffer, Oregano, Paprikapulver, Piment, Zimt und getrockneter Koriander
Öl

So wird es gemacht:

☺ Backofen auf 250°C vorheizen.

☺ Mit Messerspitze einige tiefe Schnitte in die Keule schneiden und die Knoblauchscheiben hineindrücken ➟ Salz, Pfeffer und alle anderen Gewürze mit Öl vermengen und damit die Keule einreiben ➟ Öl auf ein Backblech geben, verteilen und die Keule darauf legen ➟ die restliche Öl-Gewürzmischung darüber geben ➟ Backofentemperatur auf 200°C reduzieren und die Keule in den Ofen schieben und für ca. 30 bis 40 Minuten backen, dann umdrehen und weitere 30 bis 40 Minuten backen, zwischendurch mit etwas Wasser berieseln ➟ heiß mit Reis und Salat servieren.

****

Lammkotelett in Tomatensoße

Mahjeh we Koja Franghi

Zutaten:

6 große Lammkoteletts, waschen und abtropfen lassen
1 Zwiebel, hacken
2 Knoblauchzehen, halbieren
200 bis 250 g Tomaten, Haut anritzen, mit kochendem Wasser überbrühen, Haut abziehen und hacken
1/2 Bund Petersilie, Blätter waschen und hacken
1/2 Teelöffel Zimt
Salz, Pfeffer und Paprikapulver
Öl oder Butter

So wird es gemacht:

☺ Koteletts von beiden Seiten einige Minuten in Butter oder Öl braten, bis sie Farbe annehmen ➟ in eine große Pfanne geben und warm halten.
☺ Zwiebeln und Knoblauch in der ersten Pfanne braten, bis sie goldbraun sind ➟ gehackte Tomaten, Petersilie, Zimt, Salz, Pfeffer und Paprikapulver dazugeben, umrühren und einige Minuten dünsten ➟ 150 ml Wasser dazugeben und gut verrühren, dann zu den Koteletts geben, Pfanne zudecken, kurz aufkochen lassen, dann bei schwacher Hitze köcheln

lassen, bis das Fleisch gar ist ➟ heiß mit Reis und Salat servieren.

****

Leberspieß Jaker Kabab

Zutaten:

500 g Rinderleber, enthäuten, in Stücke schneiden, waschen und abtropfen lassen
1 bis 2 Zwiebeln, hacken
Salz, Pfeffer und Garam Masala (Gewürzmischung)
1/8 Liter Öl

So wird es gemacht:

☺ Leber in eine Schüssel geben ➟ alle anderen Zutaten dazugeben, gut vermengen und ca. 1 Stunde ziehen lassen ➟ Leberstücke auf Spieße stecken und über einem Grill braten (Holzkohle darf nicht mehr rauchen) ➟ ab und zu mit Marinade bestreichen ➟ heiß mit Fladenbrot oder Reis und Salat servieren.

****

Leber in Tomatensoße
Ghoja Franki dor Jakar

Zutaten:

500 g Rinderleber, enthäuten, in Stücke schneiden, waschen, in ein Sieb geben und abtropfen lassen
250 g Tomaten, waschen und hacken
1 Esslöffel Tomatenmark, in 1 Tasse Wasser auflösen
2 Esslöffel gehackte Petersilie
2 bis 3 Zwiebeln, hacken
1 Knoblauchzehe, mit etwas Salz zerdrücken
1/2 Esslöffel Granatapfelsoße oder Sojasoße
1 Teelöffel Garam Masala (Gewürzmischung)
Salz
Pfeffer
Öl oder Butter

So wird es gemacht:

☺ Öl oder Butter in einem Topf erhitzen ➟ Zwiebeln dazugeben und glasig dünsten ➟ Knoblauchpaste untermengen und kurz dünsten ➟ Tomaten dazugeben, gut vermengen und dünsten, bis die meiste Flüssigkeit verdampft ist ➟ aufgelöstes Tomatenmark, 1/4 Tasse Wasser, Granatapfelsoße, Garam Masala, Salz und Pfeffer dazugeben, umrühren und köcheln lassen.

☺ In der Zwischenzeit Öl oder Butter in einer Pfanne erhitzen ➟ Leberstücke dazugeben und braten ➟ zu der Soße geben ➟ kurz aufkochen lassen, dann bei schwacher Hitze köcheln lassen, bis die Leber gar und eine dicke Soße entstanden ist ➟ heiß mit Reis und Salat servieren.

****

Teigspeisen

Fladenbrot
Nan Barbari

Zutaten:

1 kg Mehl, sieben
1 Würfel Hefe oder 1 Päckchen Trockenhefe
Salz
etwas Zucker
Wasser

So wird es gemacht:

☺ Mehl in eine Schüssel geben, eine Mulde in die Mitte drücken ➟ Hefe mit etwas lauwarmem Wasser und etwas Zucker in die Mulde geben ➟ gehen lassen ➟ ca. 1 Teelöffel Salz drüber streuen ➟ Wasser nach und nach dazugeben und zu einem Teig verkneten ➟ den Teig in 4 Teile teilen ➟ die Teile einzeln zu länglichen Fladen ausrollen, dann mit den Fingern tiefe längliche Mulden ziehen, damit sie beim Backen nicht hochkommen ➟ die ausgerollten Fladen mit einem Tuch zudecken und 3 bis 4 Stunden ruhen lassen.

☺ Backofen auf 200°C vorheizen.

☺ Fladenbrote auf ein Backblech legen und im vorgeheizten Backofen ca. 5 Minuten backen **!! sie dürfen nicht braun werden, sonst werden sie hart !!**

Vermerk:
Man kann statt länglichen Mulden mit den Fingern tiefe Löcher in die Fladen drücken.

****

Fladenbrot auf syrische Art

Nan Schami

Zutaten:

1 kg Mehl, sieben
1 Würfel Hefe oder 1 Päckchen Trockenhefe
etwas Zucker
Salz
Wasser

So wird es gemacht:

☺ Mehl in eine Schüssel geben, eine Mulde in die Mitte drücken ➡ Hefe mit etwas lauwarmem Wasser und etwas Zucker in die Mulde geben ➡ gehen lassen ➡ ca. 1 Teelöffel Salz drüber streuen ➡ Wasser nach und nach dazugeben und zu einem Teig verkneten ➡ den Teig in 12 Stücke teilen und die Stücke einzeln zu runden flachen Fladen ausrollen (ca. 1/2 cm dick) ➡ Fladen mit einem Tuch zudecken und ca. 1 Stunde ruhen lassen.

☺ Zwischendurch Backofen auf 200°C vorheizen.

☺ Fladenbrote auf ein Backblech legen und im vorgeheizten Backofen 3 bis 4 Minuten backen, die Fladen müssen wie ein Ball aufgehen, nach dem Backen kann man sie auseinanderreißen **!! sie dürfen nicht braun werden, sonst werden sie hart !!**

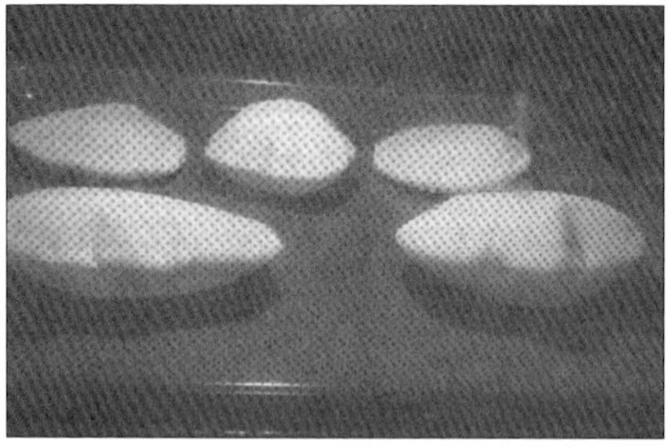

****

Bauernbrot Nan Senghegh

☺ Bauernbrot wird wie auf Seite 101 beschrieben bearbeitet. Der Unterschied liegt im Rollen der Fladen:
Die einzelnen Teigstücke hauchdünn und zu relativ großen Fladen ausrollen ➟ mit dem Finger einige Mulden in den Teig drücken ➟ einzelne Fladen auf ein Backblech legen und im vorgeheizten Backofen (200°C) für 2 bis 3 Minuten backen (die Fladen gehen nicht auf).

****

Milchbrot Nan Schirmal Azbaki

Zutaten:

1 kg Mehl, sieben
1 Würfel Hefe oder 1 Päckchen Trockenhefe
Zucker
Milch
etwas Salz

So wird es gemacht:

☺ Mehl in eine Schüssel geben, eine Mulde in die Mitte drücken ➟ Hefe mit etwas lauwarmer Milch und etwas Zucker in die Mulde geben ➟ gehen lassen ➟ etwas Salz darüber streuen ➟ nach und nach Milch dazugeben und zu einem Teig verkneten ➟ den Teig in 4 Teile teilen ➟ die Teile einzeln zu runden Fladen ausrollen (3 bis 4 cm dick) ➟ mit Hilfe einer Gabel viele Löcher in die Fladen stechen ➟ Fladen mit einem Tuch bedecken und 1 bis 2 Stunden ruhen lassen.
☺ Backofen auf 200°C vorheizen.
☺ Fladenbrot auf ein Backblech legen und ca. 5 Minuten backen ➟ sofort danach mit einem nassen Tuch darüber wischen, damit die Oberfläche glatt wird.

****

Gefüllte Teigtaschen mit Hackfleisch Nan Klojeh Ghoscht Dar

Zutaten:

für den Teig
500 g Mehl, sieben
1/4 Liter warmes Wasser
eine Prise Zucker
15 g frische Hefe oder 1 Päckchen Trockenhefe
2 Esslöffel Öl
Salz
für die Füllung
500 g Hackfleisch
5 Zwiebeln, hacken
2 Esslöffel getrocknete Petersilie
Salz, Pfeffer und Garam Masala (Gewürzmischung)

So wird es gemacht:

☺ **<u>Teig vorbereiten:</u>** Hefe mit Zucker und etwas warmem Wasser vermischen und gehen lassen.
Salz, Öl und Hefe zum Mehl geben und kneten ➡ Wasser dazugeben und 10 bis 15 Minuten zu einem Teig verkneten ➡ Teig zudecken und ca. 2 Stunden ruhen lassen.

☺ **<u>Füllung vorbereiten:</u>** Öl in einer Pfanne erhitzen ➡ Zwiebeln dazugeben und glasig dünsten ➡ Hackfleisch, Petersilie, Salz, Pfeffer und Garam Masala dazugeben, gut vermengen und braten, bis das Fleisch Farbe annimmt ➡ Pfanne vom Herd nehmen und abkühlen lassen.

☺ Den Teig zu kleinen Fladen rollen ➡ auf eine Hälfte jedes Teigkreises etwas Füllung geben, die leeren Seiten über die Füllung legen und die Kanten rundum zusammendrücken, dann die Kante etwas hochheben und mit den Fingern rollen, damit die Füllung beim Braten nicht auslaufen kann.

☺ Öl in einer Pfanne erhitzen ➡ die fertigen Teigtaschen darin braten, beide Seiten müssen braun werden ➡ heiß oder kalt mit Salat oder Jogurt servieren.

Gefüllte Teigtaschen mit kleinen grünen Erbsen

Zutaten für den Teig:

500 g Mehl, sieben
1/4 Liter warmes Wasser
eine Prise Zucker
15 g frische Hefe oder 1 Päckchen Trockenhefe
2 Esslöffel Öl
Salz

Zutaten für die Füllung:

1 Tasse kleine grüne Erbsen (Masch), waschen, 3 bis 4 Stunden in kaltem Wasser einweichen, gar kochen, in ein Sieb geben und abtropfen lassen
1/2 Bund Petersilie, Blätter waschen und hacken
Salz, Pfeffer und Garam Masala (Gewürzmischung)

So wird es gemacht:

☺ **Teig vorbereiten:** Hefe mit Zucker und etwas warmem Wasser vermischen und gehen lassen.
Salz, Öl und Hefe zum Mehl geben und kneten ➟ Wasser dazugeben und 10 bis 15 Minuten zu einem Teig verkneten ➟ Teig zudecken und ca. 2 Stunden ruhen lassen.
☺ **Füllung vorbereiten:** Erbsen, Petersilie, Garam Masala, Salz und Pfeffer in eine Schale geben und gut vermengen.
☺ Den Teig zu kleinen Fladen rollen ➟ auf eine Hälfte jedes Teigkreises etwas Füllung geben, die leeren Seiten über die Füllung legen und die Kanten rundum zusammendrücken, dann die Kante etwas hochheben und mit den Fingern rollen, damit die Füllung beim Braten nicht auslaufen kann.
☺ Öl in einer Pfanne erhitzen ➟ die fertigen Teigtaschen darin braten, beide Seiten müssen braun werden ➟ heiß oder kalt mit Salat oder Jogurt servieren.

****

Teigtaschen mit Kartoffelfüllung

Alle Arbeitsvorgänge werden wie auf Seite 103 und 104 beschrieben erledigt, die Fladen müssen größer sein als bei den beiden vorherigen Varianten:

☺ Kartoffeln schälen und gar kochen ➟ mit einer Gabel zerkleinern ➟ mit Salz, Pfeffer, Garam Masala und gehackter Petersilie gut vermengen ➟ die Teigkreise damit füllen und braten.

Man kann auch Porree für die Füllung verwenden oder Porree mit den Kartoffeln mischen.

****

Hausgemachte Nudeln

Makarni

Zutaten:

500 g Mehl, sieben
2 Eier, aufschlagen, in eine Schale geben und verrühren
75 ml Milch oder Wasser
Salz

So wird es gemacht:

☺ Mehl in eine Schale geben und in die Mitte eine Mulde drücken ➟ Eier, Salz und Milch verquirlen, in die Mulde geben, dann die Zutaten zu einem festen Teig kneten ➟ den Teig in 5 Teile teilen und unter einem feuchten Tuch ca. 30 Minuten ruhen lassen ➟ Teigstücke Flachrollen (ca. 3 mm dick) ➟ Mehl auf einem Backblech verteilen, die Teigfladen darauf legen und ca. 10 Minuten trocknen lassen, dann die Fladen in 4 bis 5 cm breite Streifen schneiden, auf einem Tuch verteilen und trocknen.

****

Fladenbrot mit Fleisch

Gamir ba Ghoscht

Zutaten:

500 g Mehl, sieben
Salz und Wasser
ca. 60 g Butter
350 bis 400 g Hackfleisch
3 Zwiebeln, reiben oder fein hacken
500 g Tomaten, Haut anritzen, mit kochendem Wasser überbrühen, Haut abziehen und fein hacken
1 Bund Petersilie, Blätter waschen und hacken
Salz, Pfeffer, Paprikapulver und eine Prise Rosenpaprikapulver

So wird es gemacht:

Teig vorbereiten

☺ Butter zerlassen, zum Mehl geben und verrühren ➟ Salz drüber streuen und nach und nach Wasser dazugeben und zu einem nicht so festen Teig verkneten ➟ Teig mit einem feuchten Tuch zudecken und ca. 30 Minuten ruhen lassen.

Fleischfüllung vorbereiten

☺ Hackfleisch, Petersilie, Tomaten, Zwiebeln und Gewürze in eine Schale geben und miteinander verkneten.

Brote vorbereiten

☺ Backofen auf 200°C vorheizen.

☺ Den Teig in kleine Stücke schneiden und mit der Hand runde Fladen formen, dann ausrollen (ca. 0,5 cm dick) ➟ löffelweise mit Hackfleischteig bestreichen ➟ 2 Backbleche einfetten, die Fladen darauf geben, in den vorgeheizten Backofen schieben und 10 bis 15 Minuten backen ➟ heiß mit Jogurt servieren.

****

Süßspeisen, Gebäck und Getränke

Gelber Reispudding

Scholeh Zardeh

Zutaten:

125 bis 150 g Milchreis oder Bruchreis, waschen, für ca. 1 Stunde in Wasser einweichen, in ein Sieb geben und abtropfen lassen
1/4 Teelöffel Safranpulver, in 2 bis 3 Esslöffel warmem Wasser auflösen
1/4 Teelöffel Renkschirin (Farbstoff)
250 g Zucker
1 Teelöffel Zitronensaft
1/2 Teelöffel Kardamompulver
1 Teelöffel Zimt
1 Esslöffel Rosenwasser
ca. 50 g Mandelsplitter
Pistazien
75 g Butter

So wird es gemacht:

☺ 1 Liter Wasser und Reis in einen Topf geben und zum Kochen bringen, dann bei schwacher Hitze ca. 45 Minuten köcheln lassen, bis der Reis sehr gar ist (zerkocht) ➠ Zucker, Safranwasser, Farbstoff (Renkschirin), Kardamompulver, Butter, Zitronensaft und einen Teil der Mandelsplitter untermengen ➠ 1/2 Tasse Wasser darüber gießen, umrühren und 10 bis 15 Minuten köcheln lassen, bis die meiste Flüssigkeit verdampft und die Mischung zu einem Brei gequollen ist ➠ in kleine Schüsseln geben ➠ mit Mandelsplittern, Pistazien und Zimt garnieren.

Salat aus getrocknetem Obst

Hefet Mioh Nauruzi

Zutaten:

1 Teelöffel Rosenwasser
1 Teelöffel Orangenblütenwasser
250 g Zucker
250 g getrocknete Aprikosen
100 g getrocknete Birnen
ca. 100 g verschiedene getrocknete Obstsorten
100 g Mandeln, halbieren
50 g Pistazien, halbieren

So wird es gemacht:

☺ Obst waschen und in eine große Schüssel geben ➠ Mit Wasser bedecken, dann Zucker, Rosenwasser, Orangenblütenwasser und Nüsse dazugeben und umrühren ➠ Schüssel zudecken und 2 Tage stehen lassen ➠ umrühren und servieren.

☆☆☆☆☆☆☆☆☆☆☆

Milchreis Schir Brinj

Zutaten:

1 Tasse Milchreis, waschen
1 Liter Milch
50 bis 60 g Zucker
Butter
1 Teelöffel Rosenwasser
Mandeln und Pistazien, Menge nach Belieben, mit kochendem Wasser überbrühen und Schalen entfernen, dann Mandeln in Stifte schneiden und Pistazien halbieren

So wird es gemacht:

☺ Reis in einen Topf geben ➟ kaltes Wasser darüber gießen, bis das Wasser ca. 2 Fingerbreit über dem Reis steht ➟ Topf zudecken und kurz zum Kochen bringen, dann bei schwacher Hitze köcheln lassen, bis die Reiskörner halbgar sind und die meiste Flüssigkeit verdampft ist ➟ Milch dazugeben und umrühren ➟ Zucker und ca. 2 Esslöffel Butter dazugeben und umrühren ➟ kurz zum Kochen bringen, dann bei schwacher Hitze köcheln lassen, bis der Reis gar ist ➟ Rosenwasser, Mandeln und Pistazien untermengen ➟ in Servierschalen geben und kalt stellen.

☆☆☆☆☆☆☆☆☆☆☆

Gelee Magut

Zutaten:

ca. 100 g Zucker
5 Esslöffel Stärke
100 g Mandeln und Pistazien, mit kochendem Wasser überbrühen und Schalen entfernen, dann Mandeln in Stifte schneiden und Pistazien halbieren
Orangenlebensmittelfarbe

So wird es gemacht:

☺ ca. 500 ml Wasser in einen Topf geben ➟ Zucker und Lebensmittelfarbe dazugeben und umrühren, dabei zum Kochen bringen ➟ Stärkemittel mit etwas Wasser mischen und unter ständigem Rühren in das kochende Wasser geben und Kochtemperatur reduzieren, unter ständigem Rühren 5 bis 6 Minuten köcheln lassen ➟ Mandeln und Pistazien dazugeben, umrühren und Topf vom Herd nehmen ➟ Gelee in Servierschalen geben und kalt stellen.

☆☆☆☆☆☆☆☆☆☆☆

Frittiertes Gebäck in Sirup

Jalabi

Zutaten:

Hefeteig
500 g Mehl, sieben
100 g Reismehl, zum Mehl geben und mischen
1/2 Teelöffel Trockenhefe
1 bis 2 Esslöffel Jogurt
ca. 1/2 Liter warmes Wasser
Öl zum Frittieren
Sirup
1 kg Zucker
750 ml Wasser
1/8 Teelöffel Farbmittel (Renkschirin)
1 Teelöffel Rosenwasser

So wird es gemacht:

Teig anfertigen

☺ Mehlmischung in eine Schüssel geben, eine Mulde in die Mitte drücken ➟ Hefe mit lauwarmem Wasser in die Mulde geben und gehen lassen ➟ Wasser dazugeben und zu einem glatten Teig verkneten ➟ Schüssel zudecken und mindestens 12 Stunden stehen lassen ➟ vor dem Gebrauch Jogurt dazugeben und kneten.

Sirup vorbereiten

☺ Wasser und Zucker in einen Topf geben, umrühren und zum Kochen bringen, dann bei schwacher Hitze ca. 10 Minuten köcheln lassen, bis der Sirup dick wird ➟ Rosenwasser und Lebensmittelfarbe dazugeben, umrühren und vom Herd nehmen.

☺ Teig in einen Spritzbeutel oder in eine Presse geben ➟ Öl in einer Pfanne erhitzen ➟ Teigkringel von ca. 8 cm Durchmesser direkt in das heiße Öl pressen ➟ von beiden Seiten goldbraun backen, dann ca. 1 Minute in Sirup tauchen, auf einen Teller schichten und warm oder kalt servieren.

☆☆☆☆☆☆☆☆☆☆☆

Grießkonfekt Rahat el Hulgum

Zutaten:

1 Liter Milch
120 g Zucker
150 g Weizengrieß
100 g Butter oder Butterfett
1 Prise Safranpulver oder Lebensmittelfarbe
1 Teelöffel Vanille-Essenz
30 bis 40 g Mandelsplitter
2 Esslöffel gehackte Pistazien

So wird es gemacht:

☺ Milch, Zucker und Safran oder Lebensmittelfarbe in einen Topf geben, umrühren und zum Kochen bringen ➟ Topf vom Herd nehmen und beiseite stellen.

☺ Butter in einem Topf zerlassen ➟ Mandelsplitter dazugeben, rösten, aus dem Fett nehmen und beiseite stellen ➟ im selben Topf Weizengrieß rösten, bis er Farbe annimmt ➟ die vorher gekochte Milch, Mandeln und Pistazien dazugeben, umrühren und bei mittlerer Hitze garen ➟ Vanille-Essenz untermengen ➟ Topfinhalt in eine gefettete Auflaufform geben ➟ nach dem Erkalten in Scheiben schneiden und mit gerösteten Mandeln garnieren.

☆☆☆☆☆☆☆☆☆☆☆

Nussschnitten

Zutaten:

2 Packungen gefrorenen Blätterteig
250 bis 300 g verschiedene Nüsse, hacken
3 Esslöffel Zucker
250 g zerlassene Butter
250 g Zucker
125 ml Wasser
1 Esslöffel Zitronensaft

1 Esslöffel Orangenblütenwasser

So wird es gemacht:

Sirup vorbereiten

☺ 125 ml Wasser und 1 Esslöffel Zitronensaft in einen Topf geben, 250 g Zucker dazugeben und auflösen ➟ kochen lassen, bis die Masse dick wird ➟ Orangenblütenwasser dazugeben, umrühren und vom Herd nehmen.

Nussschnitten anfertigen

☺ Backofen auf 170°C vorheizen.

☺ Blätterteig dünn ausrollen ➟ eine große Auflaufform einfetten ➟ eine Lage Blätterteig darauf legen und mit Butter bepinseln, diesen Vorgang wiederholen, bis 6 Lagen aufeinander liegen ➟ die gehackten Nüsse mit Zucker mischen und auf dem Blätterteig verteilen. Wie oben beschrieben mit 6 Lagen Blätterteig bedecken ➟ zum Schluss mit Butter bepinseln und mit einem scharfen Messer diagonal (Gittermuster) einschneiden ➟ Auflaufform in den Backofen schieben und ca. 30 Minuten backen, dann ca. 10 bis 15 Minuten auf 190°C weiterbacken ➟ Auflaufform aus dem Backofen nehmen und die noch heißen Nussschnitten noch einmal nachschneiden ➟ den kalten Sirup darüber geben, abkühlen lassen, auf einem Servierteller anrichten und mit gehackten Nüssen bestreuen.

☆☆☆☆☆☆☆☆☆☆☆

Pflaumen-Konfekt

Alu Schirini

Zutaten:

1 kg gelbe Pflaumen, entkernen und waschen
500 g Mirabellen, entkernen und waschen
100 ml Wasser
Zucker

So wird es gemacht:

☺ Wasser, Pflaumen und Mirabellen in einen Topf geben und ca. 15 Minuten kochen ➟ ein Sieb über einen Topf stellen ➟ die gekochten Zutaten in das Sieb geben und durchpressen ➟ Topf auf den Herd stellen, kurz aufkochen und mit Zucker abschmecken ➟ eine Auflaufform mit Butter einfetten ➟ Pflaumenmus dazugeben ➟ im Backofen bei schwacher Hitze trocknen ➟ das getrocknete Konfekt von der Auflaufform abziehen und in Stücke schneiden.

☆☆☆☆☆☆☆☆☆☆☆

Rosinenrollen

Inghschtik Kischmisch Dar

Zutaten:

225 g Mehl, sieben
1 Teelöffel Hefe
125 bis 150 g Butter
100 g Zucker
2 Eier, aufschlagen, in eine Schale geben und verrühren
1 kleine Tasse Rosinen ohne Kerne
1 bis 2 Esslöffel Milch

So wird es gemacht:

☺ Butter und Zucker miteinander vermengen ➟ Mehl und Hefe dazugeben und gut verkneten ➟ Eier und Milch zum Teig geben und weiterkneten ➟ Teig mit einem Tuch bedecken und ca. 30 Minuten ruhen lassen.

☺ Rosinen auf einem Teller verteilen.

☺ Backofen auf 170°C vorheizen.

☺ Den Teig mit beiden Händen zu einer Rolle rollen und in Stücke schneiden ➟ die einzelnen Stücke in den Rosinen rollen und in eine Auflaufform oder auf ein Backblech geben ➟ mit etwas Zucker bestreuen und im vorgeheizten Backofen 15 Minuten backen.

Tamarisken-Konfekt

Kaz Asfahani

Zutaten:

1 Tasse Tamariskenmehl
2 Eier
1 Teelöffel Kardamompulver
1 Tasse Zucker
Halbierte Pistazien
Mandelstifte

So wird es gemacht:

☺ 1 Tasse Tamariskenmehl in 2 Tassen warmem Wasser auflösen ➟ 1 Eiweiß dazugeben und gut vermengen ➟ 1 Tasse Zucker und Kardamompulver darüber geben und unter ständigem Rühren auflösen ➟ in einen Topf geben und unter ständigem Rühren erwärmen (nicht kochen) ➟ 1 Eiweiß dazugeben und gut vermengen ➟ halbierte Pistazien und Mandelstifte untermengen.

☺ Eine viereckige Form mit Mehl bestreuen ➟ Tamariskenmischung dazugeben und Oberfläche glätten ➟ mit scharfem Messer in viereckige Formen schneiden.

☆☆☆☆☆☆☆☆☆☆☆

Honig-Konfekt

Palet Assal

Zutaten:

200 g Mehl, sieben
100 g Butter
2 Eigelb
75 g Honig
1 Esslöffel Rosenwasser
ca. 50 g kleine Rosinen ohne Kerne
1/8 Teelöffel Kardamompulver
1 Teelöffel Salz

So wird es gemacht:

☺ Backofen auf 180°C vorheizen.

☺ Honig, Butter und 2 Eigelb in eine Schüssel geben und verrühren, am besten mit einer Elektroküchenmaschine ➟ Mehl nach und nach dazugeben und gut verkneten ➟ Rosinen, Rosenwasser, Salz und Kardamompulver dazugeben und kneten ➟ Teig zu kleinen Bällchen formen (oder andere Form) ➟ Backblech mit Butter einfetten, Bällchen darauf verteilen und im vorgeheizten Backofen backen.

☆☆☆☆☆☆☆☆☆☆☆

Milchpudding Ferni

Zutaten:

50 g Reismehl oder 1½ Esslöffel Reisstärke
1/2 Liter Milch
ca. 70 g Zucker
1 Teelöffel Rosenwasser
je 10 bis 15 g ungesalzene Mandeln und Pistazien, zerkleinern

So wird es gemacht:

☺ Reismehl mit etwas kalter Milch und Wasser zu einem Brei verrühren.

☺ Milch in einem Topf unter ständigem Rühren zum Kochen bringen, dann auf kleine Flamme stellen ➟ ca. 15 bis 20 Minuten köcheln lassen, dann nach und nach Reismehlbrei dazugeben und umrühren ➟ Zucker dazugeben und umrühren, bis sich alles aufgelöst hat und die Masse fest ist. Das dauert ca. 10 bis 15 Minuten ➟ Topf vom Herd nehmen, Rosenwasser dazugeben und umrühren, Pudding in eine Schale geben, mit Nüssen garnieren, abkühlen lassen und für einige Stunden in den Kühlschrank stellen, dann servieren.

☆☆☆☆☆☆☆☆☆☆☆

Jogurt-Getränk

Dugh (Ayran)

Zutaten:

1 großer Becher Jogurt
ca. 1 Liter kaltes Wasser
getrocknete Pfefferminze
Salz

So wird es gemacht:

☺ Jogurt und Wasser in einen Krug geben und verrühren ➟ mit Salz abschmecken, Pfefferminze drüber streuen, umrühren und eiskalt servieren.

☆☆☆☆☆☆☆☆☆☆☆

Rosenwasser-Sirup

Ab Ghelab

Zutaten:

1/2 Liter Wasser
500 g Zucker
1 Esslöffel Zitronensaft
2 Teelöffel roter Lebensmittelfarbstoff
5 bis 6 Esslöffel Rosenwasser

So wird es gemacht:

☺ Zucker in Wasser und Zitronensaft auflösen ➟ aufkochen und abschäumen, dann bei schwacher Hitze andicken ➟ Farbstoff dazugeben und gut verrühren ➟ Rosenwasser dazugeben, umrühren und 2 bis 3 Minuten brodeln lassen ➟ kalt stellen, dann in Flaschen füllen und gut verschließen ➟ zum Trinken mit kaltem Wasser mischen.

☆☆☆☆☆☆☆☆☆☆☆

Pfefferminz-Sirup

Scharbat Sekenjabin

Zutaten:

1 Liter Wasser
ca. 1 kg Zucker
1/4 Liter weiße Essig
2 Bund Pfefferminze, Blätter waschen und abtropfen lassen
1 Bund Pfefferminze, Blätter und Stängel waschen und hacken

So wird es gemacht:

☺ Wasser und Zucker in einen Topf geben und umrühren, bis sich der Zucker aufgelöst hat ➟ aufkochen und abschäumen ➟ Essig dazugeben und umrühren ➟ den größten Teil der Pfefferminze untermengen und bei schwacher Hitze ca. 30 Minuten andicken ➟ die restliche Pfefferminze in eine Schale geben und über die Schale ein Tuch spannen ➟ Sirup durch das Tuch geben und abtropfen lassen ➟ den noch heißen Sirup in Flaschen füllen und gut verschließen ➟ zum Trinken mit eiskaltem Wasser mischen.

☆☆☆☆☆☆☆☆☆☆☆

Mandel-Sirup

Scharbat Badam

Zutaten:

500 g süße Mandeln
150 g bittere Mandeln
500 g Zucker
1 Liter Wasser
100 ml Orangensaft

So wird es gemacht:

☺ Mandeln mit kochendem Wasser überbrühen, Schalen entfernen, in einen Elektromixer geben, fein zerkleinern und in einen Topf geben ➡ Mandelbrei mit kochendem Wasser bedecken, umrühren und 1 Stunden stehen lassen ➡ ein Tuch in ein Sieb legen und das Sieb über einen Topf oder eine Schale stellen ➡ Mandelmischung durch das Tuch geben und mit Hilfe eines Holzlöffels pressen, dann Tuchenden mit einer Hand zusammenhalten und mit der anderen Hand das Tuch wringen, damit alle Flüssigkeit austropfen kann ➡ Mandelsaft aufbewahren.

☺ Zucker in Wasser auflösen und aufkochen, dann bei schwacher Hitze andicken ➡ Orangensaft dazugeben und gut vermengen ➡ Mandelsaft dazugeben und 2 bis 3 Minuten brodeln lassen ➡ kalt stellen, in Flaschen füllen und gut verschließen. Zum Trinken mit kaltem Wasser mischen.

☆☆☆☆☆☆☆☆☆☆☆

Tamarinde-Sirup

Zutaten:

200 bis 250 g Tamarinde, über Nacht in Wasser einweichen
500 g Zucker
1 Liter Wasser

So wird es gemacht:

☺ Wasser und Tamarinde in einen Topf geben, dann die Tamarinde mit dem Fingern etwas zerdrücken ➡ Wasser zum Kochen bringen und solange kochen lassen, bis fast die Hälfte des Wassers verdampft ist ➡ Topfinhalt durch ein Sieb geben und in einem Topf auffangen ➡ Zucker dazugeben und auflösen, dann ca. 15 Minuten kochen lassen, bis Sirup entstanden ist ➡ Sirup erkalten lassen und in Flaschen füllen. Zum Trinken mit eiskaltem Wasser mischen.

☆☆☆☆☆☆☆☆☆☆☆

Torschi

Einlegen in Essig

Eingelegtes Gemüse

Zutaten:

1 kleiner Blumenkohl, zerkleinern, waschen und abtropfen lassen
2 bis 3 kleine weiße Rüben, schaben und in Scheiben schneiden
grüne Tomaten (unreif), waschen, halbieren, Samen entfernen und klein schneiden
2 Knoblauchzehen, grob hacken
3 bis 4 kleine Gurken
einige sehr kleine Zwiebeln, schälen
grüne Bohnen, Spitzen abschneiden, waschen und in Stücke schneiden
einige Pfefferkörner
milde rote und grüne Peperoni
Salz
Weinessig

So wird es gemacht:

☺ Alle Zutaten in ein oder mehrere Gläser schichten ➟ Salz in Essig auflösen und die Gemüse damit bedecken ➟ Gläser gut verschließen und an einem kühlen Ort 3 Wochen stehen lassen.

Eingelegte Auberginen
Torschi Liteh

Zutaten:

1 kg Auberginen
6 bis 7 Knoblauchzehen, hacken
300 ml Weinessig
1 Esslöffel Oregano
Olivenöl oder anderes Öl
Salz

So wird es gemacht:

☺ Auberginen schälen und in Scheiben schneiden ➟ salzen und ca. 1 Stunde in ein Sieb legen, damit die bitteren Säfte austropfen können ➟ die abgetropften Scheiben ca. 10 Minuten in den mit Wasser verdünnten Essig legen ➟ in ein Sieb geben und abtropfen lassen.

☺ Auberginenscheiben in einen Steintopf oder ein Glas schichten, dazwischen Knoblauch und Oregano verteilen ➟ die Auberginenscheiben mit Öl bedecken und den Topf schließen ➟ eine Woche stehen lassen.

✧✧✧✧✧✧✧✧✧✧

Variante 2

Zutaten:

8 bis 10 längliche Auberginen
6 bis 7 Knoblauchzehen
1 Teelöffel Anis
Weinessig und Salz
einige Pfefferschoten
1 Bund Petersilie, Blätter waschen
1/2 Bund Pfefferminze, Blätter waschen
1 bis 2 Teelöffel getrockneter Koriander
1 Esslöffel Oregano
Dill, Bohnenkraut, Sellerielauch, Schnittlauch und Estragon

So wird es gemacht:

☺ Alle Kräuter fein hacken.

☺ Falls möglich, die Auberginen auf einem Grill backen oder gut im Alufolie umhüllen und im vorgeheizten Backofen (200ºC) ca. 20 Minuten garen ➡ Schale abschaben und die Auberginen mit einem Messer in kleine Stücke schneiden ➡ alle Zutaten abwechselnd in einen Steintopf oder in Gläser schichten ➡ Salz in Essig auflösen und damit die Zutaten bedecken ➡ Steintopf verschließen und 2 bis 3 Wochen an einem kühlen Ort stehen lassen.

✧✧✧✧✧✧✧✧✧✧

Eingelegte Rüben

Torschi Schalgham Safid

Zutaten:

1 kg weiße Rüben
Sellerielauch
4 Knoblauchzehen
1 rohe rote Rübe (rote Beete), schälen und in Scheiben schneiden
5 Esslöffel Salz
300 ml Weinessig
800 ml Wasser

So wird es gemacht:

☺ Weiße Rüben schälen, waschen und vierteln ➡ in einen Steintopf oder ein Glas schichten, dazwischen Sellerielauch, Knoblauch und rote Beete legen.

☺ Essig, Salz und Wasser verrühren und über die geschichteten Zutaten gießen ➡ Topf zudecken und an einen warmen Platz stellen ➡ 10 Tage stehen lassen, danach zum Essen servieren und innerhalb von 35 Tagen verbrauchen.

Eingelegter Knoblauch Torschi Sir

Zutaten:

10 Knoblauchknollen, Zehen schälen
1 bis 2 Esslöffel Salz
Weinessig

So wird es gemacht:

☺ Knoblauchzehen in ein Glas schichten ➟ Salz in Essig auflösen und damit die Knoblauchzehen bedecken ➟ Glas schließen und 5 bis 6 Monate stehen lassen.

✧✧✧✧✧✧✧✧✧✧

Eingelegte rote Rüben

Torschi Schalgham

Zutaten:

1 kg rote Rüben, gründlich waschen
1/2 Liter Wasser
1/2 Liter Weinessig
Salz, Kümmel, Nelken, Pfefferkörner und Lorbeerblätter

So wird es gemacht:

☺ Rüben in einen Topf geben, mit gesalzenem Wasser bedecken und 2 bis 3 Stunden stehen lassen ➟ kochen lassen ➟ Rüben durch ein Sieb geben ➟ abkühlen, pellen und Stielansätze entfernen, dann in Scheiben schneiden und würzen ➟ Rübenscheiben in einen Steintopf oder ein Glas schichten.

☺ Wasser, Weinessig und Salz in einen Topf geben und verrühren ➟ aufkochen lassen ➟ Topf vom Herd nehmen und abkühlen lassen, dann über die Rüben geben und den Steintopf oder das Glas verschließen ➟ 10 bis 11 Tage stehen lassen, danach zum Essen servieren und innerhalb von 35 Tagen verbrauchen.

✧✧✧✧✧✧✧✧✧✧

Eingelegte Petersilie

Torschi Jafari

Zutaten:

2 Bund Petersilie, Blätter waschen und abtropfen lassen
1 bis 3 Esslöffel Pfefferminzblätter, waschen und abtropfen lassen
2 Knoblauchzehen, vierteln
Salz
Weinessig

So wird es gemacht:

☺ Petersilie in einen Topf geben, mit Weinessig bedecken, etwas Salz darüber streuen und umrühren ➟ kurz erhitzen ➟ Knoblauch und Pfefferminzblätter dazugeben ➟ in ein Glas geben und verschließen.

✧✧✧✧✧✧✧✧✧✧

Variante 2

Zutaten:

2 Bund Petersilie, Blätter waschen und abtropfen lassen
1 große Zwiebel, hacken
3 bis 4 Knoblauchzehen, vierteln
100 ml Weinessig
Salz
1 Prise Zucker

So wird es gemacht:

☺ Alle Zutaten in einen Elektromixer geben und fein zerkleinern ➟ in ein Glas geben und verschließen ➟ im Kühlschrank aufbewahren.

Eingelegte Zwiebeln

Torschi Biaz

Zutaten:

kleine Zwiebeln (Menge nach Belieben), schälen
Weinessig
Salz
1 Prise Zucker

So wird es gemacht:

☺ Zwiebeln in einen Topf geben und mit Essig bedecken ➟ 2 bis 3 Minuten kochen ➟ mit Salz und Zucker abschmecken ➟ Topf vom Herd nehmen ➟ Zwiebeln in ein Glas geben und mit dem gekochten Essig bedecken ➟ Glas gut verschließen und mindestens 10 Tage stehen lassen.

✧✧✧✧✧✧✧✧✧✧

Eingelegter Blumenkohl

Torschi Ghelper

Zutaten:

1 Blumenkohl
1/2 Rotkohl
5 Esslöffel Salz
850 ml Wasser
300 ml Weinessig
1 bis 2 trockene Peperonischoten

So wird es gemacht:

☺ Blumenkohl zerkleinern, waschen und abtropfen lassen.

☺ Rotkohl auseinander nehmen, waschen und abtropfen lassen.

☺ Blumenkohl und Rotkohl ca. 1 Stunde in Salzwasser legen, dann mit klarem Wasser waschen und abtropfen lassen und in einen Steintopf oder ein Glas schichten ➟ Essig, Wasser und Salz gut vermengen und über das Gemüse geben ➟ trockene Peperonischoten dazugeben und Topf oder Glas verschließen ➡ mindestens 10 Tage an einen warmen Platz stellen. Danach kann man das eingelegte Gemüse servieren.

✧✧✧✧✧✧✧✧✧✧

Knoblauchsalz

So wird es gemacht:

☺ Einige Knoblauchzehen in Streifen schneiden und mit Salz vermengen ➡ in ein Glas geben und stehen lassen, bis das Salz mit Knoblaucharoma gesättigt ist ➡ Mischung auf einem Backblech verteilen ➡ Knoblauchstücke entfernen und Salz im aufgewärmten Ofen trocknen ➡ trocken aufbewahren.

✧✧✧✧✧✧✧✧✧✧

Knoblauch aufbewahren

So wird es gemacht:

☺ Knoblauchzehen vierteln ➡ in ein Glas geben ➡ mit Öl bedecken ➡ Glas verschließen und im Kühlschrank aufbewahren.

✧✧✧✧✧✧✧✧✧✧

Eingelegte Pfefferschoten

Zutaten:

125 g Pfefferschoten, der Länge nach halbieren, Samen entfernen und in Scheiben oder Streifen schneiden
125 g kleine Tomaten, in Scheiben schneiden
2 bis 3 Zwiebeln, in Scheiben schneiden
150 g brauner Zucker
200 ml Essig
1 Teelöffel Nelkenpulver
1 Teelöffel Zimt
ca. 30 g Salz

So wird es gemacht:

☺ Zwiebeln, Pfefferschoten und Tomaten in eine Schale geben und mit Salz bestreuen ➞ einen Teller oder eine Schale mit Wasser darauf stellen und das Ganze über Nacht stehen lassen ➞ in ein Sieb geben und abtropfen lassen, dann in einen Topf geben ➞ Zucker, Nelkenpulver und Zimt darüber streuen ➞ Essig darüber gießen und umrühren, dann bei schwacher Hitze ca. 1½ bis 2 Stunden köcheln lassen ➞ in Gläser füllen, gut verschließen und 1 Woche stehen lassen.

✧✧✧✧✧✧✧✧✧✧

Eingelegte Mangos

Zutaten:

4 Mangos (ca. 500 g), entkernen, schälen und in kleine Stücke schneiden
125 ml Essig
1 Tasse Zucker
1 Esslöffel gehackte Ingwerwurzel
1 Teelöffel Chilipulver
Salz

So wird es gemacht:

☺ Alle Zutaten in einen Topf geben und umrühren ➞ kurz zum Kochen bringen, dann bei schwacher Hitze köcheln lassen, bis die Mangos saftig sind und die Soße dick ist ➞ vom Herd nehmen, in eine Schale geben und beiseite stellen ➞ ein Glas erwärmen ➞ Mangos mit Soße in das Glas füllen und verschließen ➞ einige Tagen stehen lassen.

Exotische Küche

Band 35
Kochen mit Joghurt und Sesam

Nariman Zeitun

ISBN 978-3-927459-66-3